智慧物流与供应链校企共建、岗课赛证、综合育人教材
全国海丝跨境物流行业产教融合共同体"职教出海"项目教材
中国工信出版传媒集团"工信知识赋能工程——图书出版精品工程"创新教材

# 智慧物流与供应链基础

主　编　陈雄寅
副主编　苏少虹　贾铁刚　韦妙花
参　编　邱春龙　梁　旭　万贵银
主　审　王　锋

电子工业出版社
Publishing House of Electronics Industry
北京·BEIJING

## 内 容 简 介

"智慧物流与供应链基础"是一门面向高等职业院校、职业大学物流与供应链相关专业的专业基础课程，旨在向学生介绍智慧物流与供应链的相关基础知识。本书共包含7个项目，分别是岗位认知与职业规划、走进智慧物流、走进智慧物流应用场景、认识常见的智慧物流、走进智慧供应链、知悉供应链"四会"、走近供应链前沿。为了更好地助教助学，本书配有学习资料二维码，对应内容主要是与教材内容配套的多媒体课件及相关的拓展知识。

本书可以作为高等职业院校、职业大学的物流管理、物流工程技术、供应链运营、供应链管理等专业的教学用书，也可以作为物流从业人员的学习用书。

未经许可，不得以任何方式复制或抄袭本书之部分或全部内容。
版权所有，侵权必究。

图书在版编目（CIP）数据

智慧物流与供应链基础 / 陈雄寅主编. -- 北京：电子工业出版社，2024.8. -- ISBN 978-7-121-48603-6

Ⅰ．F252.1

中国国家版本馆 CIP 数据核字第 20247JG430 号

责任编辑：王志宇
印　　刷：北京建宏印刷有限公司
装　　订：北京建宏印刷有限公司
出版发行：电子工业出版社
　　　　　北京市海淀区万寿路173信箱　　邮编：100036
开　　本：880×1 230　　1/16　　印张：10.5　　字数：310千字
版　　次：2024年8月第1版
印　　次：2025年8月第4次印刷
定　　价：45.00元

凡所购买电子工业出版社图书有缺损问题，请向购买书店调换。若书店售缺，请与本社发行部联系，联系及邮购电话：(010) 88254888，88258888。

质量投诉请发邮件至 zlts@phei.com.cn，盗版侵权举报请发邮件至 dbqq@phei.com.cn。

本书咨询联系方式：(010) 88254523，wangzy@phei.com.cn。

# 前 言
## PREFACE

随着经济全球化和电子商务的快速发展，智慧物流与供应链得到了前所未有的重视与发展。《国家中长期经济社会发展战略若干重大问题》中明确提出："优化和稳定产业链、供应链。"现代物流业是支撑国民经济发展的基础性、战略性、先导性产业，根据《中华人民共和国国民经济和社会发展第十四个五年规划和 2035 年远景目标纲要》《推动物流业制造业深度融合创新发展实施方案》《关于推动物流高质量发展促进形成强大国内市场的意见》《国务院办公厅关于积极推进供应链创新与应用的指导意见》等文件精神，加快推进智慧物流和供应链发展已经被提升到国家战略高度。

近年来，我国政府不断推动物流业的发展，提出智慧物流建设。国家对智慧物流的发展高度重视，在政策上加强引导，加大扶持力度，出台一系列鼓励政策，如2022年国务院办公厅印发《"十四五"现代物流发展规划》，2022 年国家交通运输部会同国家标准化管理委员会联合印发《交通运输智慧物流标准体系建设指南》等。构建智慧物流与供应链服务体系，人才培养是关键。

"智慧物流与供应链基础"是一门面向高等职业院校、职业大学物流与供应链相关专业的专业基础课程，旨在向学生介绍智慧物流与供应链的相关基础知识。本书共包含7个项目，分别是岗位认知与职业规划、走进智慧物流、走进智慧物流应用场景、认识常见的智慧物流、走进智慧供应链、知悉供应链"四会"、走近供应链前沿。

在本书每个项目的栏目设计上我们做了如下安排。

（1）思政活动：将习近平新时代中国特色社会主义思想和党的二十大精神有机融入专业教学内容，在"润物细无声"中培养学生认真严谨、精益求精、勇于创新的职业精神。

（2）任务描述：通过操作性强的任务激发学生的学习兴趣和工作欲望。

（3）岗前培训：主要介绍任务所涉及的一些必要理论知识和操作要点。

（4）任务执行：通过图文并茂的方式，展示项目任务的具体操作步骤并介绍操作过程中应该注意的细节。

（5）任务评价：通过自我评价、他组评价、教师评价等对任务的完成情况进行综合评价。

（6）扫一扫：在任务展示环节，学生通过扫描二维码可以提前预习与任务相关的学习资料；在任务准备环节，学生通过扫描二维码可以了解一些相关的拓展知识。

本书的主要特点如下。

（1）**岗位导向，任务驱动**。本书基于任务驱动和工作过程的流程进行编写，将物流相关岗位的工作任务转化为学习任务，实现"岗位导向，任务驱动"，体现"工学结合，理实一体"。

（2）**内容精当，资源丰富**。本书教学内容安排精当，行文简明、深入浅出，通过设置二维码拓展了教学资源，丰富了教学内容。本书配套电子课件等教学资源，教师可登录华信教育资源网免费注册下载。

（3）**突出典型，注重实务**。现在大部分高等职业院校物流管理、物流工程技术和供应链相关专业的人才培养定位主要是培养实用型的物流技能人才或物流管理人才，本书在编写过程中遵循"突出典型，注重实务"，有利于为物流业培养实用型技能人才和管理人才。

（4）**全彩印刷，图文并茂**。本书为全彩印刷，以图文并茂的形式展示内容，直观形象地介绍相关知识点和技能点，不仅可以作为高等职业院校、职业大学物流管理、物流工程技术、供应链运营、供应链管理等专业的教材使用，也可以供相关物流从业人员培训使用。

本书由陈雄寅担任主编，是陈雄寅在浙江师范大学攻读博士学位期间的研究成果；苏少虹、贾铁刚、韦妙花担任本书副主编，邱春龙、梁旭、万贵银参与编写。黎明职业大学党委副书记、校长王锋担任本书主审。

本书在编写过程中参考了大量的文献资料，借鉴和吸收了国内外众多学者的研究成果，在此对相关文献的作者表示诚挚的感谢。本书是全国海丝跨境物流行业产教融合共同体"职教出海"项目、黎明职业大学"十四五"校企共建项目、中国工信出版传媒集团"工信知识赋能工程——图书出版精品工程"成果教材，在编写过程中得到了全国海丝跨境物流行业产教融合共同体，黎明职业大学、浙江师范大学等相关院校，中国物流与采购联合会、中国物流学会、泉州物流与供应链协会等行业协会，福建安踏物流信息科技有限公司、厦门中远海运物流有限公司等知名物流企业和电子工业出版社的大力支持，在此表示衷心的感谢。

由于编者水平有限，书中难免有疏漏之处，恳请广大读者批评指正。

编　者

# 目 录
## CONTENTS

项目一　岗位认知与职业规划 …………………………………………………………… 1
　　任务一　初识工作岗位及职责 ………………………………………………………… 2
　　任务二　知悉物流职业道德 …………………………………………………………… 6
　　任务三　规划物流职业生涯 …………………………………………………………… 10

项目二　走进智慧物流 …………………………………………………………………… 14
　　任务一　认识智慧物流基础 …………………………………………………………… 15
　　任务二　认识智慧物流技术 …………………………………………………………… 20

项目三　走进智慧物流应用场景 ………………………………………………………… 25
　　任务一　体验智慧运输 ………………………………………………………………… 27
　　任务二　体验智慧仓储 ………………………………………………………………… 32
　　任务三　体验智慧配送 ………………………………………………………………… 37
　　任务四　体验智慧装卸搬运 …………………………………………………………… 40
　　任务五　体验智慧包装 ………………………………………………………………… 44

项目四　认识常见的智慧物流 …………………………………………………………… 50
　　任务一　认识智慧冷链物流 …………………………………………………………… 52
　　任务二　认识智慧电商物流 …………………………………………………………… 57
　　任务三　认识智慧社区物流 …………………………………………………………… 63
　　任务四　认识智慧国际物流 …………………………………………………………… 67

项目五　走进智慧供应链 ………………………………………………………………… 74
　　任务一　认识智慧供应链 ……………………………………………………………… 75
　　任务二　走进智慧供应链管理 ………………………………………………………… 80
　　任务三　应用智慧供应链管理工具 …………………………………………………… 84

项目六　知悉供应链"四会" ……………………………………………………………… 89
　　任务一　知悉供应链需求预测 ………………………………………………………… 90
　　任务二　知悉供应链采购管理 ………………………………………………………… 100

任务三　知悉供应链生产管理……116
　　任务四　知悉供应链销售管理……132

**项目七　走近供应链前沿**……147
　　任务一　走近数字化供应链……148
　　任务二　初识供应链金融……153
　　任务三　认识基于区块链的供应链……157

**参考文献**……162

# 项目一
# 岗位认知与职业规划

## 学习目标

### 知识目标

（1）了解常见的智慧物流与供应链工作岗位。
（2）了解物流服务师、供应链管理师的岗位说明。
（3）理解职业道德的定义和 MBTI 的定义。
（4）掌握物流业职业守则的具体内容。
（5）掌握职业生涯规划的定义和内容。
（6）了解职业锚理论及八大职业锚类型。

### 能力目标

（1）能够在主流招聘网站上查找智慧物流与供应链相关岗位及工作职责信息。
（2）能够对招聘岗位的相关信息进行分析，厘清自己与智慧物流与供应链相关岗位技能要求的能力差距。
（3）能够熟练应用 SWOT 分析法进行自我分析。
（4）能够制作科学、合理的物流职业生涯规划书。

### 思政目标

（1）培养学生对物流业和物流专业的热爱。
（2）培养学生忠诚信实、爱岗敬业、恪尽职守、团结协作的物流职业道德。
（3）帮助学生树立科学的职业生涯规划意识。

智慧物流与供应链基础

## 思维导图

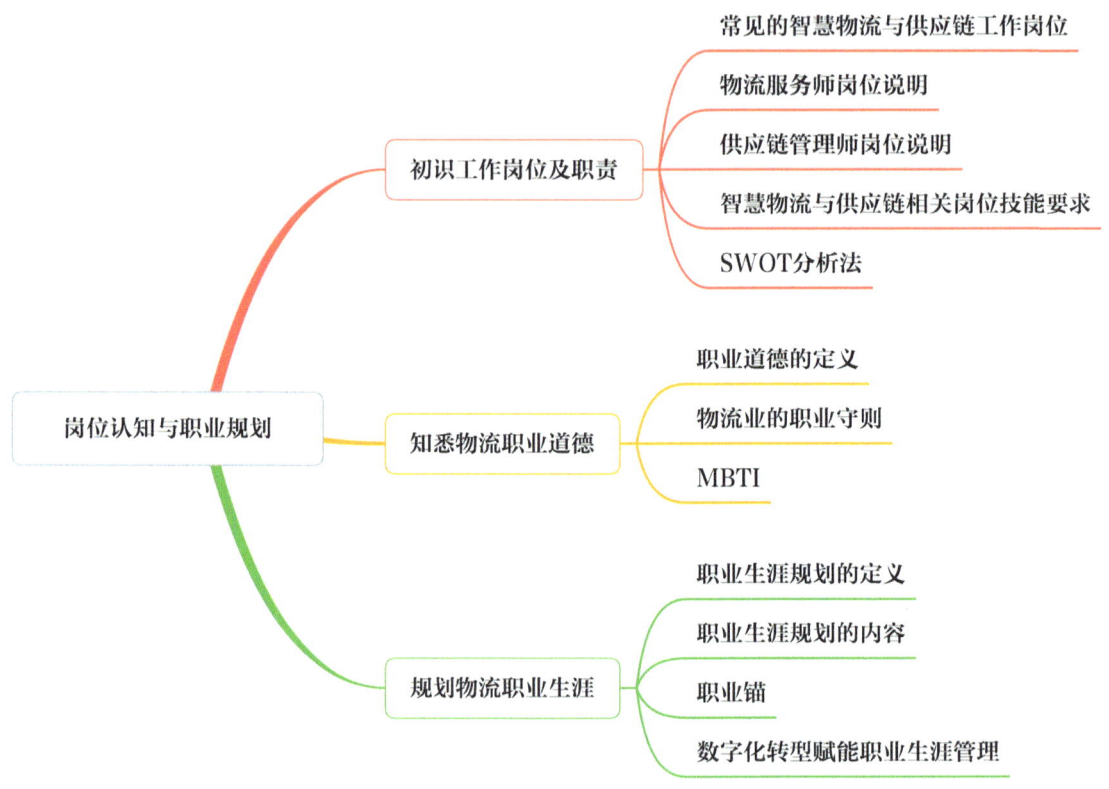

## 任务一

## 初识工作岗位及职责

 **思政活动**

在党的二十大报告中,"物流"被提到一次,"供应链"被提到4次,并且党的二十大报告再次提到交通强国,由此可见,物流高质量发展是经济高质量发展的重要推动力。作为新时代的物流人,我们要不忘初心、牢记使命,为建设物流强国做出自己的贡献。请所有同学在老师的带领下,朗读《学习宣言》,《学习宣言》的内容如下。

### 《学习宣言》

热爱祖国,立志成才,尊师守礼,心存感恩。
修身立德,严于律己,爱岗敬业,忠诚信实。
珍爱生命,牢记安全,勤学苦练,培育匠心。
投身物流,服务社会,牢记使命,物流强国。

项目一 岗位认知与职业规划

## 任务描述

**任务：搜索招聘岗位**

请以任务组为单位，在招聘网站上查找自己所在地区的智慧物流与供应链相关岗位的招聘信息，将招聘信息记录下来，并形成表格，每组派一名代表在班级内进行分享。

## 岗前培训

### 岗前培训一：常见的智慧物流与供应链工作岗位

工作岗位是指一个单位、机构内部根据业务分工而设置的职能岗位。常见的智慧物流与供应链工作岗位如表1-1所示。

表1-1 常见的智慧物流与供应链工作岗位

| 工作岗位分类 | 具体工作岗位 |
| --- | --- |
| 基层技能岗位 | 智慧物流专员、智慧物流服务专员、智慧供应链专员、无人机操作员等 |
| 专业技术岗位 | 物流服务师、供应链管理师、智慧物流工程师等 |
| 管理岗位 | 智慧物流总监、智慧物流项目经理、智慧供应链运营总监等 |

### 岗前培训二：物流服务师岗位说明

物流服务师是指在生产、流通和服务领域中，从事物品采购、货运代理、物流信息服务，并组织仓储运输、配送包装、装卸搬运、流通加工等工作的人员。物流服务师可分为高级工（三级）、技师（二级）、高级技师（一级）3个等级。物流服务师的主要工作任务如图1-1所示。

图1-1 物流服务师的主要工作任务

### 岗前培训三：供应链管理师岗位说明

供应链管理师是指运用供应链管理的方法、工具和技术，从事产品设计、采购、生产、销售、服务等全过程的协同工作，以控制整个供应链系统的成本，并提高准确性、安全性和客户服务水平的人员。供应链管理师应具有供应链战略思维，熟悉供应链各个细分领域的知识和运作，具有丰富的实践经验和管理、沟通、执行等能力。要做到站起来能说，坐下来能写，走出去能干。供应链管理师的主要工作任务如图1-2所示。

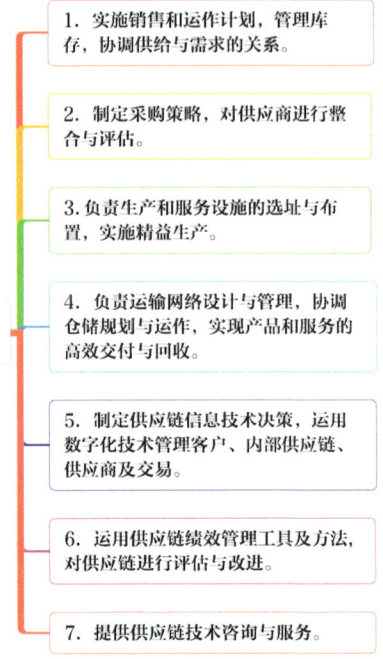

图 1-2　供应链管理师的主要工作任务

🌂 扫一扫

国务院办公厅印发《关于积极推进供应链创新与应用的指导意见》

🔔 **岗前培训四：智慧物流与供应链相关岗位技能要求**

智慧物流与供应链相关岗位作为新兴职业，逐渐得到了全社会的关注和认可，对于智慧物流与供应链的从业人员来说，需要从传统物流思维切换到智慧物流思维，需要从企业思维切换到供应链思维，站在更高的角度看待当前的商业和未来的商业。

智慧物流与供应链相关岗位技能要求包括商业理解与认知、构建战略视野、建立战略规划、执行战略运营。

🔔 **岗前培训五：SWOT 分析法**

所谓 SWOT 分析法，主要基于企业内外部竞争环境和竞争条件下的态势分析，通过调查将与研究对象密切相关的各种内部优势、劣势，以及外部的机会和威胁列举出来，按照矩阵形式排列，用系统分析的思想把各种因素相互匹配并加以分析，从中得出一系列结论，而结论通常具有一定的决策性。运用这种方法可以对研究对象所处的情景进行全面、系统、准确的研究，从而根据研究结果制定相应的发展战略、计划及对策等。

S（Strengths）是优势，W（Weaknesses）是劣势，O（Opportunities）是机会，T（Threats）是威胁。按照企业竞争战略的完整概念，战略应是一个企业"能够做的"（即企业内部的优势和劣势）和

"可能做的"（即企业外部的机会和威胁）之间的有机组合。

## 任务执行

**步骤一：登录招聘网站，查找智慧物流与供应链相关岗位的招聘信息**

**步骤二：整理智慧物流与供应链相关岗位的招聘信息**

在招聘网站上了解自己所在地区的智慧物流与供应链相关岗位的招聘企业、招聘岗位、岗位要求、薪酬待遇、学历要求，并填写招聘信息登记表（见表1-2）。

表1-2 招聘信息登记表

| 招聘企业 | 招聘岗位 | 岗位要求 | 薪酬待遇 | 学历要求 |
|---|---|---|---|---|
|  |  |  |  |  |
|  |  |  |  |  |
|  |  |  |  |  |

**步骤三：应用SWOT分析法分析自己与招聘岗位要求之间的差距**

请大家结合招聘企业的招聘信息，应用SWOT分析法分析自己的优势、劣势、机会和威胁，重点分析自己与招聘岗位要求之间的差距，并填写SWOT分析表（见表1-3）。

表1-3 SWOT分析表

| S（优势） | W（劣势） |
|---|---|
|  |  |
| O（机会） | T（威胁） |
|  |  |
| 自己与招聘岗位要求存在以下差距： ||

**步骤四：各任务组派一名代表上台分享**

各任务组派一名代表在班级内将本组查找的信息进行分享。

## 任务评价

在完成上述任务后，请同学们填写任务评价表（见表1-4）。

表1-4 任务评价表

| 任 务 | | | 评 价 得 分 | | | |
|---|---|---|---|---|---|---|
| 任务组 | | | 成员 | | | |
| 评价标准 | 评价任务 | 分值（分） | 自我评价（20%） | 他组评价（30%） | 教师评价（50%） | 合计（100%） |
| | 收集信息全面 | 30 | | | | |
| | SWOT分析详细 | 50 | | | | |
| | 语言表达流畅 | 20 | | | | |
| | 合计 | 100 | | | | |

## 任务二　知悉物流职业道德

### 思政活动

2020年11月24日，习近平总书记在全国劳动模范和先进工作者表彰大会上指出："在长期实践中，我们培育形成了爱岗敬业、争创一流、艰苦奋斗、勇于创新、淡泊名利、甘于奉献的劳模精神，崇尚劳动、热爱劳动、辛勤劳动、诚实劳动的劳动精神，执着专注、精益求精、一丝不苟、追求卓越的工匠精神。劳模精神、劳动精神、工匠精神是以爱国主义为核心的民族精神和以改革创新为核心的时代精神的生动体现，是鼓舞全党全国各族人民风雨无阻、勇敢前进的强大精神动力。"下面是全国物流业劳模代表的发言，请大家朗读《荣誉属于全部物流人》（节选），并思考什么是新时代的物流劳模精神。

《荣誉属于全部物流人》（节选）

今天我站在这里，代表的不只是我个人，还有许多默默坚守岗位、勤于奉献的物流人，许多致力于行业发展、舍身忘我的物流人，更是在传递一种艰苦奋斗、无坚不摧、向上而生的物流精神。

作为物流人，我们坚守了呵护生命、守护健康的职责；

作为物流人，我们奉行了不负所托、不辱使命的义务；

作为物流人，我们践行了共克时艰、迎难而上的精神。

这种能战斗、敢担当、不怕牺牲、不辱使命、无怨无悔的精神和高度的使命感与责任感，就是物流劳模的新特质。

### 任务描述

（1）完成MBTI职业性格测试。

（2）请以任务组为单位，在网络上或图书馆中查找体现忠诚信实、爱岗敬业、恪尽职守、团结协作的物流职业道德案例，并分享案例。

## 岗前培训

### 岗前培训一：职业道德的定义

职业道德的概念有广义和狭义之分。广义的职业道德是指从业人员在职业活动中应该遵循的行为准则，涵盖了从业人员与服务对象、职业与职工、职业与职业之间的关系。狭义的职业道德是指在一定职业活动中应该遵循的、体现一定职业特征的、调整一定职业关系的职业行为准则和规范。不同职业的人员在特定职业活动中形成了特殊的职业关系，包括职业主体与职业服务对象之间的关系、职业团体之间的关系、同一职业团体内部人与人之间的关系，以及职业劳动者/职业团体与国家之间的关系。

职业道德的定义包括以下8个方面。

（1）职业道德是一种职业规范，受到社会的普遍认可。
（2）职业道德是长期以来自然形成的。
（3）职业道德没有确定形式，通常体现为观念、习惯、信念等。
（4）职业道德依靠文化、内心信念和习惯，通过员工的自律来实现。
（5）职业道德大多没有实质的约束力和强制力。
（6）职业道德的主要内容是对员工义务的要求。
（7）职业道德标准多元化，不同企业具有不同的价值观。
（8）职业道德承载着企业文化和凝聚力，影响深远。

### 岗前培训二：物流业的职业守则

物流业的职业守则如下。

（1）诚实守信，遵纪守法。
（2）爱岗敬业，忠于职守。
（3）安全生产，规范操作。
（4）钻研业务，优质服务。

### 岗前培训三：MBTI

MBTI（英文全称是Myers－Briggs Type Indicator）是指迈尔斯-布里格斯类型指标。该指标以瑞士心理学家卡尔·荣格划分的8种心理类型为基础，将人格的心理类型理论付诸实践。迈尔斯在荣格提出优势功能、劣势功能、主导功能、从属功能等概念的基础上，进一步提出了功能等级等概念，并有效地为每一种类型确定了功能等级次序，又提出了各类型的终生发展理论，形成了4个维度，MBTI如表1-5所示，MBTI具体类型如表1-6所示。

表1-5  MBTI

| 维　度 | 类　型 | 相对应类型英文及缩写 | 类　型 | 相对应类型英文及缩写 |
|---|---|---|---|---|
| 注意力方向（精力来源） | 外倾 | E（Extrovert） | 内倾 | I（Introvert） |
| 认知方式（如何搜集信息） | 实感 | S（Sensing） | 直觉 | N（Intuition） |
| 判断方式（如何做决定） | 理智 | T（Thinking） | 情感 | F（Feeling） |
| 生活方式（如何应对外部世界） | 判断 | J（Judgment） | 理解 | P（Perceiving） |

表 1-6  MBTI 具体类型

| 代码 | 名称 | 代码 | 名称 | 代码 | 名称 | 代码 | 名称 |
|---|---|---|---|---|---|---|---|
| ISTJ | 物流师型人格 | ISFJ | 守卫者型人格 | INFJ | 提倡者型人格 | INTJ | 建筑师型人格 |
| ISTP | 鉴赏家型人格 | ISFP | 探险家型人格 | INFP | 调停者型人格 | INTP | 逻辑学家型人格 |
| ESTP | 企业家型人格 | ESFP | 表演者型人格 | ENFP | 竞选者型人格 | ENTP | 辩论家型人格 |
| ESTJ | 总经理型人格 | ESFJ | 执政官型人格 | ENFJ | 主人公型人格 | ENTJ | 指挥官型人格 |

## 任务执行

### 步骤一：MBTI 职业性格测试

请应用 MBTI 职业性格测试（标准版）进行自我测试，并将 MBTI 职业性格测试结果填写在表 1-7 中。

表 1-7  MBTI 职业性格测试结果

| 你的 MBTI 类型 | 适合你的性格类型的职业 |
|---|---|
|  |  |

### 步骤二："忠诚信实"职业道德案例分享

"忠，德之正也；信，德之固也"，这句话出自《左氏春秋·文公元年传》。忠诚，意味着德行端正；信实，意味着德行巩固。忠诚是指人真心实意、尽心尽力。在工作中，忠诚表现为维护企业利益、维护企业荣誉、保守企业秘密。

人无信不立，商无信不兴。诚信是中华民族的传统美德，更是市场经济的基石。为推动物流诚信体系建设，国家出台了《关于推动物流服务质量提升工作的指导意见》，明确将完善物流服务质量诚信体系作为重点任务之一，加强对物流企业失信行为的抽查检查，建立物流企业信用记录，并纳入全国信用信息共享平台。

#### "忠诚信实"案例分享

某快递公司董事长陈先生从小是个苦孩子，家境不富裕，吃过亏、上过当，在打工期间，他干完了活，老板卷款跑了，这让他非常痛恨那些不讲信用的人。后来，他进入快递行业工作，由于没有人愿意与背景一般、知名度小的企业合作，所以身为企业负责人的陈先生开始亲自送快递。陈先生的一个老乡要寄急件，但又不放心陈先生，陈先生为了让对方放心，许下"如若快件丢失，愿意在该公司白干一年"的承诺，就这样物流效率高、服务质量好的陈先生赢得了老乡的信赖，老乡也开始给他介绍客户，客户再介绍其他客户，久而久之，做人讲诚信的陈先生就一步步地发达起来了。

想一想：忠诚信实为案例中的陈先生带来了什么？

### 步骤三："爱岗敬业"职业道德案例分享

爱岗敬业是爱岗和敬业的总称。爱岗和敬业，互为前提，相互支持，相辅相成。"爱岗"是"敬业"的基石，"敬业"是"爱岗"的升华。

项目一 岗位认知与职业规划

"爱岗敬业"案例分享

> 林俊德52载与大漠戈壁为伴,用生命铸就中华人民共和国的核盾牌。在生命的最后3天,他忍着剧痛,以惊人的毅力向未完成的工作发起最后冲锋,把生命的全部光与热献给祖国,直至生命最后一刻。这是一位军人、一位科学家对祖国赤诚的奉献,他用生命谱写了"马兰精神"的时代颂歌。
>
> **想一想**:请你结合该案例,从个人角度谈谈如何做到"爱岗敬业"。

### 步骤四:"恪尽职守"职业道德案例分享

恪尽职守出自《孙子兵法》,意为谨慎、认真地做好本职工作,坚守自己的工作岗位。

"恪尽职守"案例分享

> 如果我们放弃了对社会的责任,就意味着放弃了在社会中更好地生存的机会。一位知名心理学家曾做过一项调查,调查对象是100名成功人士,他们都认为工作的责任感给了他们走向成功的机会。不管我们喜不喜欢自己的工作,都必须尽心尽力、尽职尽责,有责任感才可以创造奇迹。
>
> **想一想**:为什么有责任感、恪尽职守的人更容易取得成功呢?

### 步骤五:"团结协作"职业道德案例分享

团结协作是指人们为了实现共同的利益和目标,互相帮助、互相支持、彼此合作、共同发展的行为。其要点是,人们在日常生活、学习和工作中,互相支持、互相配合,顾全大局,明确工作任务和共同目标;在工作中尊重他人,虚心诚恳,积极主动协同他人做好各项事务等。培养团队精神有3个途径:一是参与和分享;二是平等与尊重;三是信任与关怀。

"团队协作"案例分享

> 在草原上,发生过这样一件令人惊心动魄的事情。一个秋日的下午,一片临河的草丛突然起火,顺着风游走的"火舌"像一条红色的项链,将草丛中央的一个小丘陵包围起来。
>
> 丘陵上无数的蚂蚁被逼得连连后退,似乎它们除了葬身火海已别无选择。但是就在这时,出乎意料的情形出现了,只见蚂蚁们迅速聚拢,抱成一团,滚作一个黑色的"蚁球"冲进火海。烈火将"蚁球"外层的蚂蚁烧得噼啪作响,然而,"蚁球"越滚越快,终于穿过火海,冲进小河,河水把"蚁球"冲向岸边,使大多数蚂蚁绝处逢生。这个故事告诉我们一个道理:团结就是力量,只有团结起来,才能化险为夷、战胜困难;只有团结起来,才能绝处逢生。
>
> **想一想**:该案例给你带来了什么启发?

 **任务评价**

在完成上述任务后,请同学们填写任务评价表(见表1-8)。

表 1-8 任务评价表

| 任　　务 | | 评 价 得 分 | | | | |
|---|---|---|---|---|---|---|
| 任务组 | | 成员 | | | | |
| | 评价任务 | 分值（分） | 自我评价（20%） | 他组评价（30%） | 教师评价（50%） | 合计（100%） |
| 评价标准 | MBTI 职业性格测试 | 20 | | | | |
| | 搜集 4 个职业道德案例 | 40 | | | | |
| | 分享职业道德案例 | 40 | | | | |
| | 合计 | 100 | | | | |

## 任务三　规划物流职业生涯

###  思政活动

党的二十大报告中明确提出："加快发展物联网，建设高效顺畅的流通体系，降低物流成本。加快发展数字经济，促进数字经济和实体经济深度融合，打造具有国际竞争力的数字产业集群。"我国物流业正进入高速发展阶段，作为新时代物流人，施展才干的舞台无比广阔，实现梦想的前景无比光明。请以"在物流赛道上实现人生价值"为主题，谈谈自己的物流职业生涯规划。

###  任务描述

每个人在职业起点上都是一张白纸，如果你知道自己想要什么，那么你最终得到的将是你想要的或者接近于你想要的；如果你的大脑里没有浮现什么图景，那么你得到的只是一张涂鸦之作，这就是自己做职业生涯规划与不做职业生涯规划的区别。请完成以下两个任务。

（1）应用 SWOT 分析法进行自我分析。

（2）上网查找写得好的物流职业生涯规划书，并制作自己的物流职业生涯规划书。

###  岗前培训

####  岗前培训一：职业生涯规划的定义

职业生涯规划（Career Planning）又称为职业生涯设计，是指个人与组织相结合，在对个人职业生涯的主观条件和客观条件进行测定、分析、总结的基础上，对自己的兴趣、爱好、能力、特点进行综合分析与权衡，结合时代的发展特点和自己的职业倾向，确定自己的职业奋斗目标，并为实现这一目标做出行之有效的安排。一个完整的职业生涯规划由职业定位、目标设定和通道设计 3 个要素构成。职业定位既是决定职业生涯成败的非常关键的一步，也是职业生涯规划的起点。

当代人的职业生涯发展趋势主要有 3 个特点：一是从稳定型到无边界流动；二是从生存型到自我实现型；三是从单一式职业发展路径到多元式职业发展路径。

## 岗前培训二：职业生涯规划的内容

职业生涯规划的内容一般包括自我分析、职业分析、职业定位、计划实施方案、评估调整，如表 1-9 所示。

表 1-9 职业生涯规划的内容

| 序号 | 内容 | 说明 |
|---|---|---|
| 1 | 自我分析 | 包括个人特质、职业兴趣、职业能力、职业价值观等 |
| 2 | 职业分析 | 包括家庭环境分析、学校环境分析、社会环境分析、职业环境分析等 |
| 3 | 职业定位 | 可以通过 SWOT 分析法确定职业目标和职业发展路径 |
| 4 | 计划实施方案 | 包括短期计划、中期计划、长期计划 |
| 5 | 评估调整 | 及时评估并调整职业生涯规划的内容 |

## 岗前培训三：职业锚

职业锚有 8 种类型，分别是通用管理型、技术职能型、创新创业型、自主独立型、安全稳定型、服务奉献型、纯粹挑战型、生活方式型，如图 1-3 所示。

图 1-3 职业锚的 8 种类型

## 岗前培训四：数字化转型赋能职业生涯管理

数字化转型不仅是挑战还是机遇。企业可以借助数字化技术发展的契机，借用数字化技术赋能当前员工职业生涯管理实践，提升员工职业生涯管理的效能。企业可以充分利用数字化技术与数据，实现员工职业生涯管理的信息化、流程化和个性化，并进一步为员工职业生涯管理的 3 个关键机制——信息机制、发展机制、关系机制赋能，优化相关的管理实践，最终实现以高效为核心、以学习为导向、以员工为中心的人性化管理。数字化转型下的职业生涯管理如图 1-4 所示。

首先，信息化是数字化转型的基础阶段，旨在将各种信息与数据资料以数字化的形式进行读写、存储与传递，这一阶段重在实现信息编码的便利性与高效性。其次，流程化是数字化升级的过程，旨在将原有的工作流程数字化，依据客观、科学的系统监控与记录改进工作，从而使原有的工作效率倍增并提高资源利用率。最后，个性化是数字化转型的过程，主要聚焦员工的发展，为每个员工打造独特的发展计划，进一步增强组织内部的社会联结，加强员工与组织间的联系。

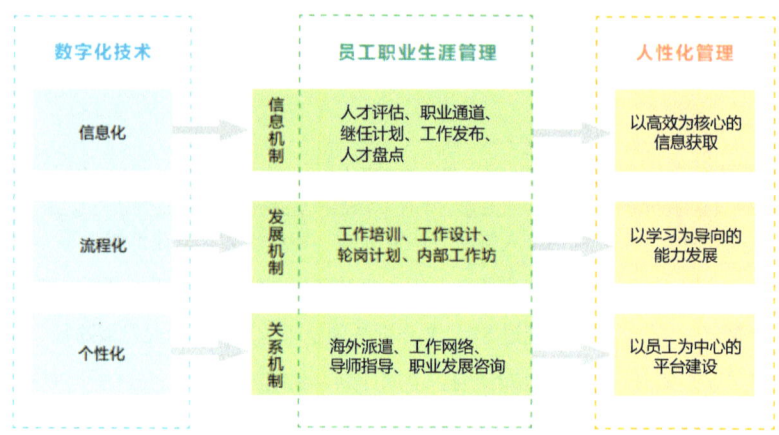

图 1-4　数字化转型下的职业生涯管理

## ✂ 任务执行

### 步骤一：应用 SWOT 分析法进行自我分析

请应用 SWOT 分析法分析自己的优势、劣势、机会和威胁，并填写表 1-10。

表 1-10　SWOT 分析表

| S（优势）<br>1.<br>2.<br>3.<br>4. | W（劣势）<br>1.<br>2.<br>3.<br>4. |
|---|---|
| O（机会）<br>1.<br>2.<br>3.<br>4. | T（威胁）<br>1.<br>2.<br>3.<br>4. |

### 步骤二：制作自己的物流职业生涯规划书并向其他同学分享

请结合所学知识，制作一份自己的物流职业生涯规划书，并将自己的职业生涯规划书分享给其他同学。

标题：《　　　　　　　　　　　　　　》

正文：

_____

_____

_____

项目一 岗位认知与职业规划

 **任务评价**

在完成上述任务后，请同学们填写任务评价表（见表1-11）。

表1-11 任务评价表

| 任务组 | 任务 | | 评价得分 | | | |
|---|---|---|---|---|---|---|
| | | 成员 | | | | |
| 评价标准 | 评价任务 | 分值（分） | 自我评价（20%） | 他组评价（30%） | 教师评价（50%） | 合计（100%） |
| | 能够较好地应用SWOT分析法进行自我分析 | 20 | | | | |
| | 能够制作自己的物流职业生涯规划书 | 60 | | | | |
| | 能够较好地与他人分享自己的职业生涯规划书 | 20 | | | | |
| | 合计 | 100 | | | | |

# 项目二
# 走进智慧物流

## 学习目标

### 知识目标

（1）掌握物流的定义、物流的价值和物流的构成要素。
（2）掌握智慧物流的定义。
（3）了解智慧物流产业链上游、中游、下游的情况。
（4）理解 PEST 分析法。
（5）了解智慧物流服务的定义和智慧物流服务的关键要素。
（6）了解智慧物流技术和智慧物流技术的应用方向。

### 能力目标

（1）能够应用 PEST 分析法对我国智慧物流的发展情况进行简单分析。
（2）能够了解国内几家知名智慧物流企业的基本情况。
（3）能够结合所学知识，对智慧物流技术的应用场景进行简单分析。

### 思政目标

（1）培养学生改革创新的时代精神。
（2）培养学生的智慧物流工匠精神。

项目二　走进智慧物流

## 思维导图

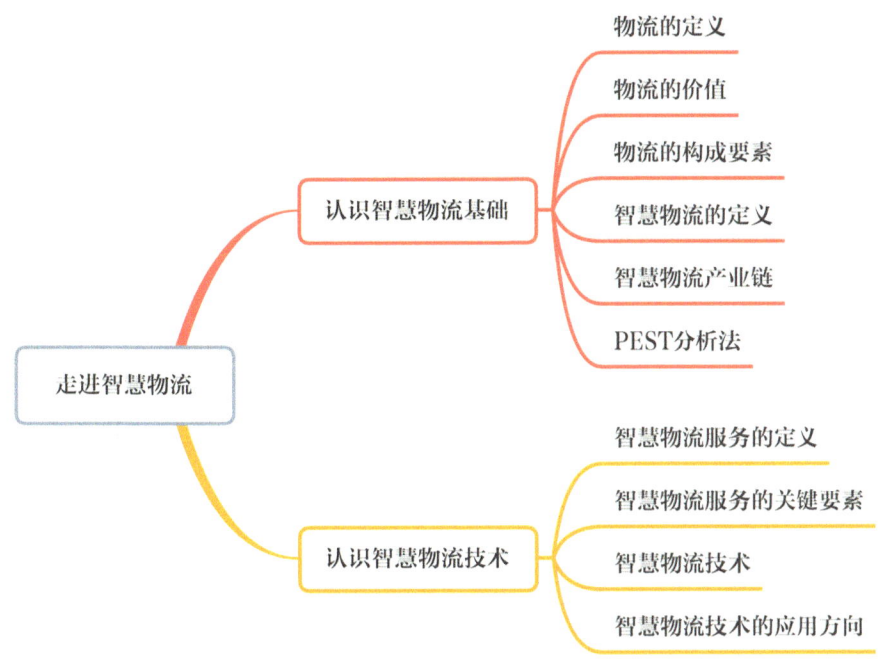

## 任务一　认识智慧物流基础

### 思政活动

以大数据、云计算、物联网等新一代信息技术为代表的科技革命风起云涌,它正以前所未有的力量改变着人类的思维、生产、生活和学习方式。作为我国国民经济发展的基础性产业,物流业已经成为我国经济社会发展中不可缺少的关键因素。随着物流时代的到来,新一代物流人正积极布局智慧供应链,并在智慧物流方面创造了一个又一个中国骄傲。

京东物流在上海"亚洲一号"的全球首个全流程无人仓的应用,使其成为我国智慧物流的名片,并亮相中央电视台《大国重器》栏目。我国物流人自主研发的无人仓智能控制系统,实现了从自动化到智慧化的革命性突破,正在开启全球智慧物流的未来。请观看中央电视台《大国重器(第二季)》第六集《赢在互联》,并思考:为何智慧物流能够成为大国重器?

### 任务描述

(1)请以任务组为单位,通过上网或查阅图书等方式了解我国智慧物流的发展情况,应用PEST分析法对我国智慧物流的发展情况进行分析。

（2）查找国内两家比较有典型代表意义的智慧物流企业的信息。

（3）每个任务组需要将收集的信息制作成汇报课件，并推荐一位同学上台分享。

## 岗前培训

### 岗前培训一：物流的定义

物流的定义最早出现在美国，起源于20世纪30年代，原意为"实物分配"或"货物配送"（Physical Distribution，PD），1963年被引入日本，日文意思是"物的流通"。20世纪70年代以后，在日本"物流"一词逐渐取代了"物的流通"。我国从日文资料中引进"物流"一词，日文资料中将"Logistics"翻译为"物流"。

中华人民共和国国家标准《物流术语》（GB/T 18354—2021）将物流定义为："根据实际需要，将运输、储存、装卸、搬运、包装、流通加工、配送、信息处理等基本功能实施有机结合，使物品从供应地向接收地进行实体流动的过程。"

上述定义的前半部分明确指出了物流所包含的功能要素，对于这些功能要素，物流应当做的事情是"实施有机结合"。定义的后半部分明确指出了物流的特定范围，起点是"供应地"，终点是"接收地"，只要是符合这个条件的实体流动过程都可以被看作物流，这充分表明了物流的广泛性。

### 岗前培训二：物流的价值

物流的价值（见图2-1）主要体现在3个方面：一是时间价值，物流通过储存、保管等克服供需之间的时间距离创造价值；二是空间价值（或场所价值），物流通过运输、搬运、装卸等克服供需之间的空间距离，创造物品的空间效用；三是加工附加价值，物流通过包装、流通加工等创造加工附加价值。

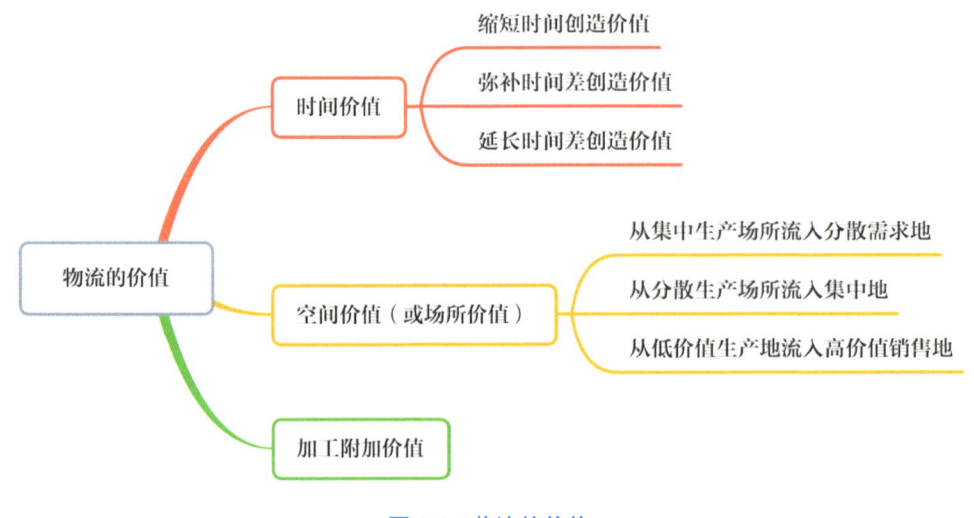

图2-1 物流的价值

### 岗前培训三：物流的构成要素

物流的构成要素包括基础要素和功能要素，如图2-2所示。

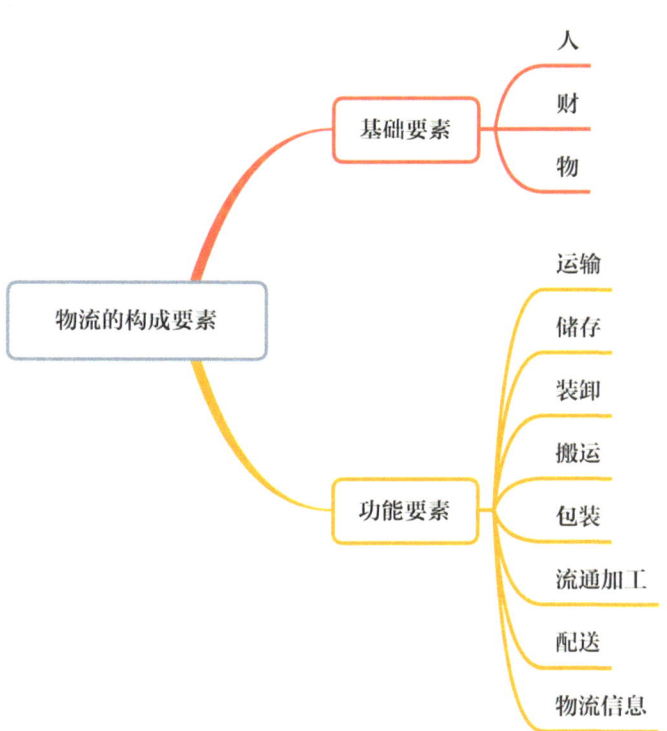

图 2-2　物流的构成要素

1. 基础要素

物流的基础要素是维系物流活动得以运行的基本条件，没有基本条件，物流活动就无法发生，也无法运行。物流的基础要素就是与物流活动有关的"人、财、物"三要素。

2. 功能要素

物流的功能要素（也称活动要素）是指与物流有关的各种作业功能（活动），包括运输、储存、装卸、搬运、包装、流通加工、配送及物流信息。

（1）运输：利用载运工具、设施设备及人力等运力资源，使货物在较大空间上产生位置移动的活动。

（2）储存：贮藏、保护、管理物品。

（3）装卸：在运输工具间或运输工具与存放场地（仓库）间，以人力或机械方式对物品进行载上载入或卸下卸出的作业过程。

（4）搬运：在同一场所内，以人力或机械方式对物品进行空间移动的作业过程。

（5）包装：在流通过程中为保护产品、方便储运、促进销售，按一定技术方法而采用的容器、材料及辅助物等的总体名称，也指为了达到上述目的而采用容器、材料和辅助物的过程中施加一定技术方法等的操作活动。

（6）流通加工：根据顾客的需要，在流通过程中对产品实施的简单加工作业活动的总称。简单加工业活动包括包装、分割、计量、分拣、刷标志、拴标签、组装、组配等。

（7）配送：根据客户要求，对物品进行分类、拣选、集货、包装、组配等作业，并按时送达指定地点的物流活动。

（8）物流信息：反映物流各种活动内容的知识、资料、图像、数据的总称。

### 岗前培训四：智慧物流的定义

中华人民共和国国家标准《物流术语》（GB/T 18354—2021）将智慧物流（Smart Logistics）定义为："以物联网技术为基础，综合运用大数据、云计算、区块链及相关信息技术，通过全面感知、识别、跟踪物流作业状态，实现实时应对、智能优化决策的物流服务系统。"

### 岗前培训五：智慧物流产业链

从产业链来看，智慧物流产业链上游包括智能硬件和物流软件，其中智能硬件包括 AS/RS（自动化立体仓库）、拣选机器人、分拣机器人、码垛机器人、自动贴标机、搬运机器人；物流软件包括 MES（Manufacturing Execution System，制造执行系统）、WES（Warehouse Execution System，仓储执行系统）、WCS（Warehouse Control System，仓储控制系统）、TMS（Transportation Management System，运输管理系统）。智慧物流产业链中游包括快递企业、制造业企业、第一方物流企业、第二方物流企业、独立的第三方和第四方物流企业、智能物流设备集成企业、港口和机场等基础设施，以及租赁公司等。智慧物流产业链下游包括商业、工业及农业等领域。智慧物流产业链如图 2-3 所示。

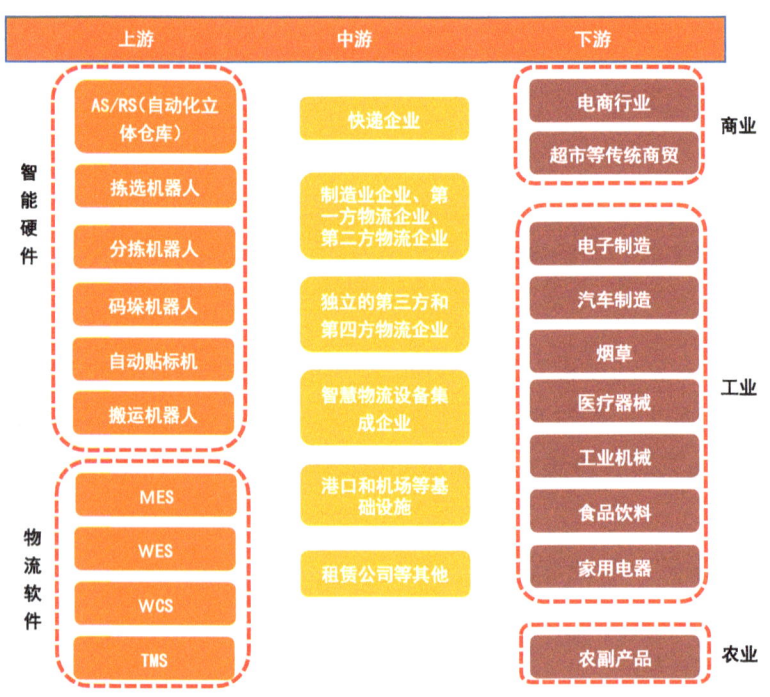

图 2-3　智慧物流产业链

### 岗前培训六：PEST 分析法

PEST 分析是指宏观环境的分析，而宏观环境又被称为一般环境，是指一切影响行业和企业的宏观因素。不同行业和企业因自身特点和经营需求，对宏观环境的分析存在差异，但一般都是对政治（Political）、经济（Economic）、社会（Social）和技术（Technological）这四大类影响行业和企业的主要外部环境因素进行分析，故称之为 PEST 分析法。PEST 分析可以通过头脑风暴法来完成。

（1）政治环境。它包括一个国家的社会制度、执政党的性质，以及政府的方针、政策、法令等。

（2）经济环境。它主要包括宏观经济环境和微观经济环境两个方面。宏观经济环境主要是指一个国家的人口数量及其增长趋势，国民收入、国内生产总值及其变化情况，以及通过这些指标所反映的国民经济发展水平和发展速度。微观经济环境主要是指企业所在地区或所服务地区的消费者的收入水平、消费偏好、储蓄情况、就业程度等，这些因素直接决定企业目前及未来的市场规模。

（3）社会环境。它包括一个国家或地区的居民受教育程度和文化水平、宗教信仰、风俗习惯、审美观点、价值观念等。

（4）技术环境。除了考察与企业所在领域的活动直接相关的技术手段的发展变化，企业还应及时了解国家对科技研发的投资和支持重点，所处领域技术发展动态和研究开发费用总额，技术转移和技术商品化速度，专利及其保护情况等。

## 任务执行

### 步骤一：应用 PEST 分析法对我国智慧物流的发展情况进行分析

请以任务组为单位，利用网络了解我国智慧物流的发展情况，应用 PEST 分析法对我国智慧物流的发展情况进行分析，并填写 PEST 分析表（见表 2-1）。

表 2-1　PEST 分析表

| P（政治） | E（经济） |
| --- | --- |
|  |  |
| S（社会） | T（技术） |
|  |  |

### 步骤二：查找国内两家知名智慧物流企业的相关信息

请以任务组为单位，利用网络查找国内两家知名智慧物流企业的相关信息，并将查找结果填入表 2-2。

表 2-2　国内知名智慧物流企业的相关信息

| 序　号 | 公 司 名 称 | 成 立 时 间 | 发 展 愿 景 | 产 品 及 服 务 | 推 荐 理 由 |
| --- | --- | --- | --- | --- | --- |
| 1 |  |  |  |  |  |
| 2 |  |  |  |  |  |

### 步骤三：各任务组推荐一位同学上台分享

各任务组制作任务汇报课件，并派一位同学在班级内进行分享。

## 任务评价

在完成上述任务后，教师组织进行三方评价，并对学生的任务执行情况进行点评。学生填写任务评价表（见表 2-3）。

表 2-3 任务评价表

| 任 务 | | 评 价 得 分 | | | |
|---|---|---|---|---|---|
| 任务组 | | 成员 | | | |
| 评价标准 | 评价任务 | 分值（分） | 自我评价（20%） | 他组评价（30%） | 教师评价（50%） | 合计（100%） |
| | 应用 PEST 分析法对我国智慧物流的发展情况进行分析并填表 | 30 | | | | |
| | 查找国内两家知名智慧物流企业的相关信息并填表 | 30 | | | | |
| | 制作汇报课件并进行分享汇报 | 40 | | | | |
| | 合计 | 100 | | | | |

## 任务二 认识智慧物流技术

### 思政活动

2022 年，中华人民共和国国家发展和改革委员会印发《"十四五"现代流通体系建设规划》，其中指出："加快发展智慧物流，积极应用现代信息技术和智能装备，提升物流自动化、无人化、智能化水平。"从"汗水流淌"到"智慧流动"，智慧物流技术赋能物流业快速发展。请以"弘扬工匠精神，助力智慧物流"为主题，谈谈作为新时代的物流人，如何充分利用智慧物流技术充分发挥物流工匠精神，更好地赋能物流业发展。

### 任务描述

阅读案例《天狼货到人系统助力，仓储物流数字化转型》，并应用所学知识对该案例进行分析。

### 岗前培训

#### 岗前培训一：智慧物流服务的定义

中华人民共和国国家标准《智慧物流服务指南》（GB/T 41834—2022）将智慧物流服务（Smart Logistics Service）定义为："为满足客户物流需求所实施的一系列智慧物流活动过程及其产生的结果。"

#### 岗前培训二：智慧物流服务的关键要素

智慧物流服务的关键要素包括技术、设备、系统，如图 2-4 所示。

图 2-4　智慧物流服务的关键要素

（1）智慧物流服务的技术要素包括数据和算法两部分。数据是智慧物流服务中涉及人、物、流程和环境等各种要素的知识、资料、图像、数据、文件的总称。算法是解决诸如智慧运输、智慧仓储、智慧配送等智慧物流服务场景中一系列问题的有限且有序的计算过程。

（2）设备是具有感知能力且能执行算法指令的物流服务技术装备。

（3）系统是由设备和程序组成，为物流管理者执行计划、实施、控制等职能提供信息输入、存储、处理、输出和控制的有机整体。

🔔 **岗前培训三：智慧物流技术**

智慧物流技术包括底层数据采集技术、中间层数据处理技术、上层决策支撑技术。各类智慧物流技术宜配备相应的突发事件处理预案和安全防范措施。

（1）底层数据采集技术宜包括物联网技术、条码技术、射频识别技术、传感器技术、无线传感器网络技术、跟踪定位技术、机器视觉技术、图像处理技术、语音识别技术、红外感知技术、生物识别技术等。

（2）中间层数据处理技术宜包括大数据技术、云计算技术、机器学习技术、边缘计算技术等。

（3）上层决策支撑技术宜包括人工智能技术、区块链技术、预测技术、仿真模拟技术、数字孪生技术、可视化技术、深度学习技术、增强现实技术、虚拟现实技术等。

🔔 **岗前培训四：智慧物流技术的应用方向**

智慧物流技术的应用方向包括仓内技术、干线技术、"最后一公里"技术、末端技术、智慧数据底盘技术，如图 2-5 所示。

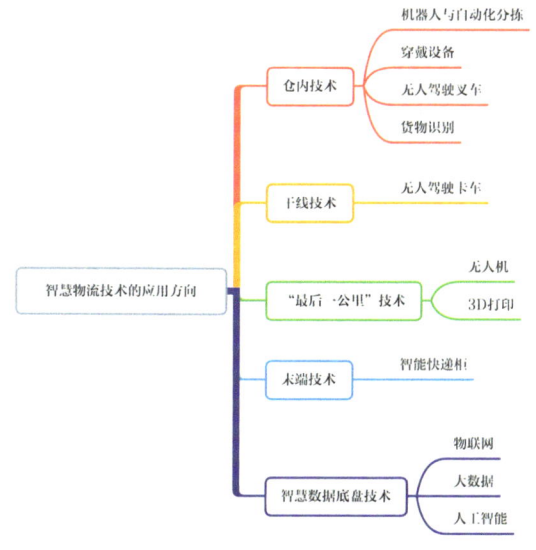

图 2-5　智慧物流技术的应用方向

## 任务执行

步骤一：阅读案例

天狼货到人系统助力，仓储物流数字化转型

一、天狼货到人系统

在电子商务蓬勃发展的推动下，我国仓储行业快速发展，智能机器人逐渐成为大型仓储物流中心必不可少的关键组成部分。在3C、服饰、工业品、医药、汽车等行业中，品类多、人员少、差错多、空间小等仓储问题日益凸显，如何通过技术创新改变物流高成本、低效率的现状，实现企业降本增效，是我国物流企业面临的难题。针对此类难题，京东物流基于拥有的自建物流体系优势，探索并实践出一套较为有效的实施方案。

天狼系统是京东物流自主研发的密集存储系统，由多种自动化设备、软件系统组合而成，可以解决目前仓储物流业存储能力不足、出入库效率不高等痛点，并缓解仓储占地及人力问题。2016—2022年，京东物流不断优化天狼系统，进行了两次版本迭代升级，第三代天狼系统应运而生，如图2-6所示。

图 2-6 第三代天狼系统

第三代天狼系统的硬件包括穿梭车、提升机，以及集拣货、盘点于一体的工作站；其软件则是由自主研发的 WMS（Warehouse Management System，仓储管理系统）、WCS 和监控系统 3D SCADA（Supervisory Contro and Data Acquisition，监视控制与数据采集系统）组成的智能调度系统，借助 5G 网络快速、精准地下达任务，最大限度地提高设备运行效率，更高效、精准、密集。

穿梭车的行走速度为 4 米/秒，加速度为 2 米/秒$^2$；提升机的升降速度为 5 米/秒，加速度为 7 米/秒$^2$；工作站自动供箱，效率为 600 箱/小时，拣货效率比原来提高了 3~5 倍。在设备运行精度及识别精准方面，穿梭车定位精度±3 毫米；提升机定位精度±1 毫米；拣货准确率可达 99.99%。同时，穿梭车采用超薄车身，减少占用空间；提升机立柱高达 20 米，单位面积存储密度提高 3 倍多。通过提高拣货效率和存储密度，第三代天狼系统可以更好地服务外部客户。

二、3C 电子应用案例

（一）项目背景

广东亿安仓供应链科技有限公司（以下简称亿安仓）隶属中国电子信息产业集团有限公司，前身是中电港的供应链业务部和仓储物流部，承接平台上电子元器件的分销业务，主要服务上游 100 多家元器件厂商和下游 5000 多家电子设备生产制造商。据亿安仓相关负责人介绍，在传统仓储作业中，

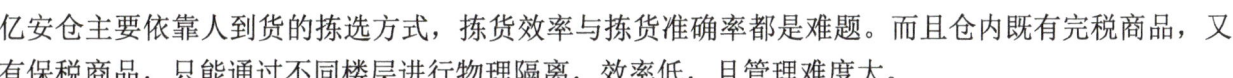

亿安仓主要依靠人到货的拣选方式，拣货效率与拣货准确率都是难题。而且仓内既有完税商品，又有保税商品，只能通过不同楼层进行物理隔离，效率低，且管理难度大。

为了解决上述难题，仓储的自动化升级成为关键。自动仓作为整个供应链体系建设中最小的建筑单元，其建设尤为重要，但因存储产品的特性使自动仓的建设难度加大，故需要综合考量的因素很多。一般来说，包括以下因素。

（1）SKU（Stock Keeping Unit，存货单位）种类多、有效期管理严格、存储分散导致人工拣货效率低、拣货准确率低，影响业务快速发展。

（2）存储商品中有完税商品和保税商品，在实际作业过程中只能通过不同楼层对它们进行物理隔离，人工作业效率低，管理难度大。

（3）3C小家电行业产品对存储环境的要求高，主要包括对温度、湿度、防尘、防电等级的要求。

基于以上问题，京东物流结合实际业务痛点及现场条件，对产品进行升级调整，制定了3C小家电行业领域内集密集存储、精准拣选、智能分单于一体的综合性解决方案。

（二）解决方案

亿安仓虎门中心仓的仓库占地面积约为2万平方米，总高度为23.8米，建筑面积约为3.4万平方米，其中保税仓面积约为2.4万平方米、非保税仓面积9039平方米、公摊面积为565平方米。通过前期调研发现，原有作业流程有较多优化空间，如仓库有效利用高度不足、坪效低；通过楼层将完税商品和保税商品进行物理隔离，不易管理；大多为托盘地堆或隔板货架存储，上万种SKU采用人工搬运、补货、拣选方式，效率低、作业时间长、易出错等。

根据实际情况和需求，改造方案的设计思路包括以下4点。

（1）对现有仓库进行技术改造，在不影响生产作业的前提下，保留物流作业通道，综合考虑消防要求、土建要求，合理安排施工计划。

（2）最大化利用现有空间，在20米高的净空内满足大小托盘不同层高设计，满足整箱与周转箱共库存储，存储容量最大化设计，提高坪效。

（3）与客户WMS无缝对接，做系统匹配，根据电子元器件订单特性设计符合人机工程学的拣选工作站，提高拣选效率，减少差错。

（4）最大化发挥设备效能，预留足够的扩展空间，提高效率，增加空间。

最终，确定立体仓库区占地面积为1800平方米，用来打造高密度储存空间，70%的面积为托盘存储，30%的面积为箱式存储，实现托盘存储3200托以上，箱式存储2万箱以上。

（三）项目亮点

在不影响现有物流作业的情况下，两个月内完成设备安装与调试工作。

（1）采用托盘存储与箱式存储相结合的存储形式，有效解决了原有存储空间不足、SKU数量多、箱式拣选的难题。

（2）实现存储最大化，在满足消防安全要求的前提下，使托盘货位存储容量和箱式货位存储容量达到最大。

（3）保税区输送线采用定制化滚筒输送，可满足不同尺寸原箱自动出入仓库，解决原来仓库存储空间不足、拣选效率不高的问题。

（4）箱式立体库采用纸箱与周转箱共库存储，采用可变距穿梭车自动存取，提高仓库柔性。

（5）采用超级电容供电驱动的穿梭车、19米的料箱提升机（加速度可达7米/秒$^2$，速度达5米/秒），输送线配有多功能工作站，可实现入库、拣选、理货、盘点，提高通用性和工作效率。

（6）WCS通过输送线实现原箱自动分配工作站、空箱自动供给、出入库调度共享。

（7）周转箱采用防静电箱，可有效保护电子商品的安全。

（8）穿梭车支持原箱输送存取，满足多种尺寸原箱混合存储、直接出入库；支持超级电容方式供电，减少滑触线和电池使用，更加节能；车辆额定载荷达 50 千克，最远伸叉距离达 1.2 米，在不增加车辆的基础上，保证储位数量和出入库效率；在满足消防安全要求的前提下，实现托盘货位存储容量和箱式货位存储容量最大化。

（四）实施效果

通过对项目进行升级改造，在同一库区，可实现完税商品和保税商品自动存取，有效提高仓储管理能力和仓储运营效率。经过对比分析，京东物流帮助亿安仓节省了 10 000 平方米以上的仓储面积，拣选效率提高 80%，作业人效提高 230%，拣货准确率提高至 99.99%。在大幅提高拣选效率的同时，有效降低人员作业强度，解决复杂仓储作业环境下的自动化升级改造难题，并打造全新智能仓储模式，从而助力亿安仓逐渐实现产业供应链现代化。

步骤二：以任务组为单位，对案例进行分析

请以任务组为单位，分析如下问题。

（1）京东物流应用哪些智慧物流技术帮助企业客户改变物流高成本、低效率的现状，帮助企业客户实现降本增效？

（2）该案例给你带来了什么启示？

步骤三：各任务组派一名代表上台分享案例

各任务组选派一名代表在班级内进行案例分享。

## 任务评价

在完成上述任务后，教师组织进行三方评价，并对学生的任务执行情况进行点评。学生填写任务评价表（见表 2-4）。

表 2-4　任务评价表

| 任　　务 |  | 评　价　得　分 |  |  |  |  |
|---|---|---|---|---|---|---|
| 任务组 |  | 成员 |  |  |  |  |
| 评价标准 | 评价任务 | 分值（分） | 自我评价（20%） | 他组评价（30%） | 教师评价（50%） | 合计（100%） |
|  | 按要求对案例进行分析 | 60 |  |  |  |  |
|  | 分享时语言表达流畅 | 40 |  |  |  |  |
|  | 合计 | 100 |  |  |  |  |

# 项目三

## 走进智慧物流应用场景

### 学习目标

#### 知识目标

（1）掌握智慧运输、智慧仓储、智慧配送、智慧装卸搬运、智慧包装的定义及特征。

（2）了解智慧运输与传统运输的关系、智慧仓储与传统仓储的关系、智慧配送与传统配送的关系、智慧包装与传统包装的关系。

（3）理解智慧运输的应用场景、智慧装卸搬运的应用、智慧包装的应用。

（4）掌握智慧运输服务流程、智慧仓储服务流程、智慧配送服务流程、智慧装卸搬运服务流程、智慧包装服务流程。

#### 能力目标

（1）能够对运输前、运输中和运输后所涉及的智慧物流服务要点进行分析。

（2）能够对入库前、货物在库内和出库后所涉及的智慧物流服务要点进行分析。

（3）能够对货物配送前、货物配送中和货物配送后所涉及的智慧物流服务要点进行分析。

（4）能够对智慧装卸搬运服务方案进行分析和优化。

（5）能够对智慧包装服务方案进行分析和优化。

#### 思政目标

（1）培养学生的家国情怀，激发学生的奋斗精神。

（2）培养学生成为栋梁之材的意识，增强民族自豪感。

（3）培养学生的社会主义核心价值观，增强社会责任感。

（4）培养学生的劳模精神和工匠精神，增强劳动意识。

（5）培养学生的创新精神，增强创新意识和绿色发展意识。

## 思维导图

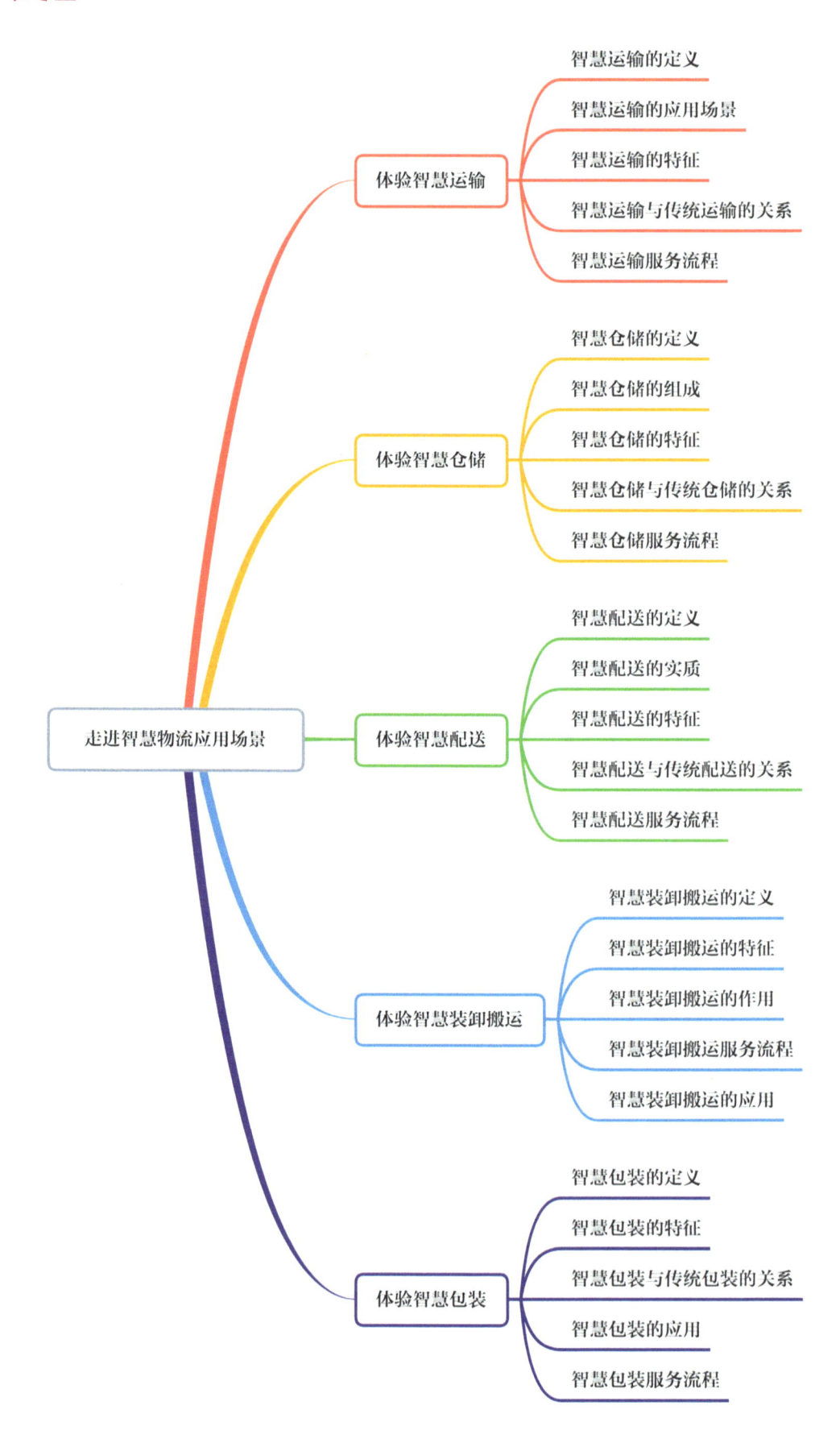

- 走进智慧物流应用场景
  - 体验智慧运输
    - 智慧运输的定义
    - 智慧运输的应用场景
    - 智慧运输的特征
    - 智慧运输与传统运输的关系
    - 智慧运输服务流程
  - 体验智慧仓储
    - 智慧仓储的定义
    - 智慧仓储的组成
    - 智慧仓储的特征
    - 智慧仓储与传统仓储的关系
    - 智慧仓储服务流程
  - 体验智慧配送
    - 智慧配送的定义
    - 智慧配送的实质
    - 智慧配送的特征
    - 智慧配送与传统配送的关系
    - 智慧配送服务流程
  - 体验智慧装卸搬运
    - 智慧装卸搬运的定义
    - 智慧装卸搬运的特征
    - 智慧装卸搬运的作用
    - 智慧装卸搬运服务流程
    - 智慧装卸搬运的应用
  - 体验智慧包装
    - 智慧包装的定义
    - 智慧包装的特征
    - 智慧包装与传统包装的关系
    - 智慧包装的应用
    - 智慧包装服务流程

项目三　走进智慧物流应用场景

## 任务一
### 体验智慧运输

 **思政活动**

党的二十大报告中指出："坚持把发展经济的着力点放在实体经济上，推进新型工业化，加快建设制造强国、质量强国、航天强国、交通强国、网络强国、数字中国。""加快发展物联网，建设高效顺畅的流通体系，降低物流成本。"由此可见，推动交通运输高质量发展十分重要。

观看《厉害了，我的国》微视频，感受中国桥、中国路、中国车、中国港、中国网等超级工程的震撼影像。《厉害了，我的国》微视频在彰显国家实力的同时，也体现了普通劳动者不畏艰险、埋头苦干、开拓进取的伟大奋斗精神，激励着中华儿女为实现中华民族伟大复兴的中国梦不断前进。

 **任务描述**

**任务：阅读案例《中储智运打造智慧运输新生态品牌》**

请以任务组为单位，认真阅读案例，分别从运输前、运输中和运输后所涉及的智慧运输服务要点对中储智运的服务运作模式进行分析，写出分析要点，每组派一名代表上台进行分享。

 **岗前培训**

 **岗前培训一：智慧运输的定义**

智慧运输是指在运输服务过程中，以物联网技术为基础，应用具有感知与识别功能的设备，对运输服务中涉及的人、货、物和运载设备的运行状态进行智能监控和异常预警，对运力进行实时调度，实时优化运输路径，并解决各类异常情况。

随着我国基础设施建设能力的提高和经济、科学技术的进步，物流货品的运输定位可视化逐渐成为民众所需。智慧物流运输可视化解决方案是将信息、运输、仓储、库存、装卸搬运及包装等物流活动综合起来的一种新型的集成式管理，其任务是尽可能地降低物流总成本，为客户提供更好的服务；强调从起点到终点的过程，提高了物流的标准和要求。

 **岗前培训二：智慧运输的应用场景**

在物联网中，交通系统是最有应用前景的领域之一。"智慧运输"是物联网的具体表现形式，它利用先进的信息技术、数据传输技术、计算机处理技术等，将人、车、路紧密结合起来，改善交通运输环境，保障交通安全，提高资源利用率。下面重点介绍智慧运输在工业领域的应用场景（见表3-1），其中包括智慧型巴士、共享单车、车辆联网、智慧泊车、智慧交通信号灯、车辆电子标识、充电桩、快速无感知计费。

27

表 3-1 智慧运输在工业领域的应用场景

| 序　号 | 应　用　场　景 | 智慧运输服务要点 |
|---|---|---|
| 1 | 智慧型巴士 | 结合公交运营特点，建立公交智慧调度系统，计划并调度线路，实现智慧化调度 |
| 2 | 共享单车 | 使用 GPS 或 NB-IoT（窄带物联网）模块的智慧锁，通过 App 连接，可精确定位、实时控制车辆状况等 |
| 3 | 车辆联网 | 采用先进的传感器和控制技术等实现自动驾驶或智慧驾驶，实时监测车辆运行状况，降低交通事故发生的概率 |
| 4 | 智慧泊车 | 安装地磁感应，并将它与进入停车场的智能手机相连，实现泊车自动导航、寻找泊位等功能 |
| 5 | 智慧交通信号灯 | 根据交通流量、天气等情况动态调节交通信号灯，以控制车流，提高路面承载能力 |
| 6 | 车辆电子标识 | 利用 RFID 技术可以准确识别车辆身份，动态采集车辆信息 |
| 7 | 充电桩 | 通过物联网设备实现充电桩定位、充放电控制、状态监控、统一管理等功能 |
| 8 | 快速无感知计费 | 通过摄像机识别车牌信息，根据路径信息收费，提高通行效率，缩短车辆等待时间等 |

🔔 **岗前培训三：智慧运输的特征**

### 1. 降低货物运输成本，缩短货物送达时间

优化运输路线、降低货物运输成本、缩短货物送达时间、随时掌握货物在途中的状态是整个物流运输管理的重要环节，近年兴起的智慧运输恰恰能够满足上述的货物运输的需求，智慧运输路线图如图 3-1 所示。

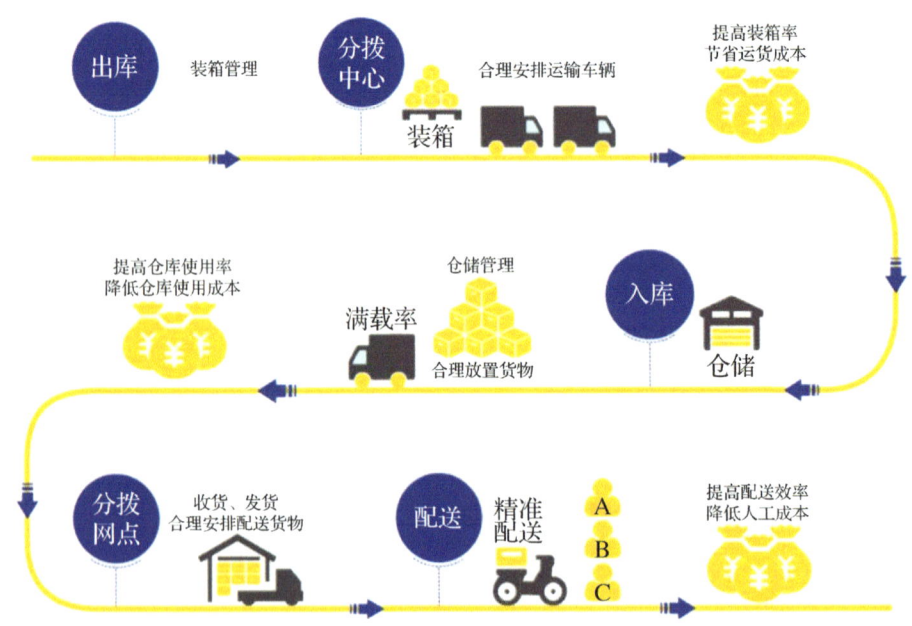

图 3-1 智慧运输路线图

### 2. 高效运输系统使交通事故显著减少，缓解交通拥堵状况

智慧运输的核心是应用现代通信、信息、网络、控制、电子等技术，建立一个高效运输系统，它包括先进的交通信息服务系统、车辆控制系统、营运货车管理系统、电子收费系统、紧急救援系统等。技术的成功应用能够使人和物以更快、更安全的方式完成空间移动，减少交通事故，缓解交

通拥堵状况。

### 3. 先进科技与人类智能的结合体

实际上，智慧运输是先进科技与人类智能的结合体，能够让整个运输系统具有柔性和弹性，而运输系统可以辅助决策或自动决策，且具有学习功能，能够与时俱进、不断发展。

#### 🔔 岗前培训四：智慧运输与传统运输的关系

运输作为物流的首要功能要素，主要负责改变货物的空间状况，而当货品仓储、分拣更加智能化时，货品运输环节也在整合资源并不断完善。传统物流运输企业主要依赖人工干预完成单个运输作业的全部流程，例如企业接收运输订单时，通过传统通信手段联系三方物流人员，完成货物、车辆、司机的匹配及后续的对账程序等，工作效率很低。而今，大部分货物运用了定位、RFID（Radio Frequency Identification，射频识别）等技术，企业可以实时定位，查看货物的运行轨迹等。因此，运用物联网等技术的智慧运输将大大改善物流运输业信息不对称、配载效率低的状况，若在运输过程中出现货物受损的情况，消费者可以精准溯源。

智慧运输与传统运输都具有信息管理网络化、实时化的要求，将智慧运输与传统运输有机结合起来，不但智慧运输可以为物流管理创造一个快捷、可靠的运输网络，降低物流成本，而且传统运输可以为智慧运输产品与服务开辟一个巨大的市场，促进智慧运输的发展。两者的结合面是运输信息的管理与服务。

#### 🔔 岗前培训五：智慧运输服务流程

（1）运输服务开始前，按照发货方和收货方的需求为发货方提供关于货物提取的智能预约服务，并告诉发货方预估的运输时间和运输成本。

（2）运输服务过程中，采用具备自动驾驶技术、辅助驾驶技术的智能运载设备完成运输服务。

（3）运输服务过程中，及时收集客户反馈，根据运输服务过程中出现的各类问题提供智能改进服务。例如，危险化学品智慧运输管理系统具备车辆环境监测、人员状态监测、车辆行驶轨迹、速度查询等智能改进服务功能，危险化学品智慧运输管理系统应用如图3-2所示。

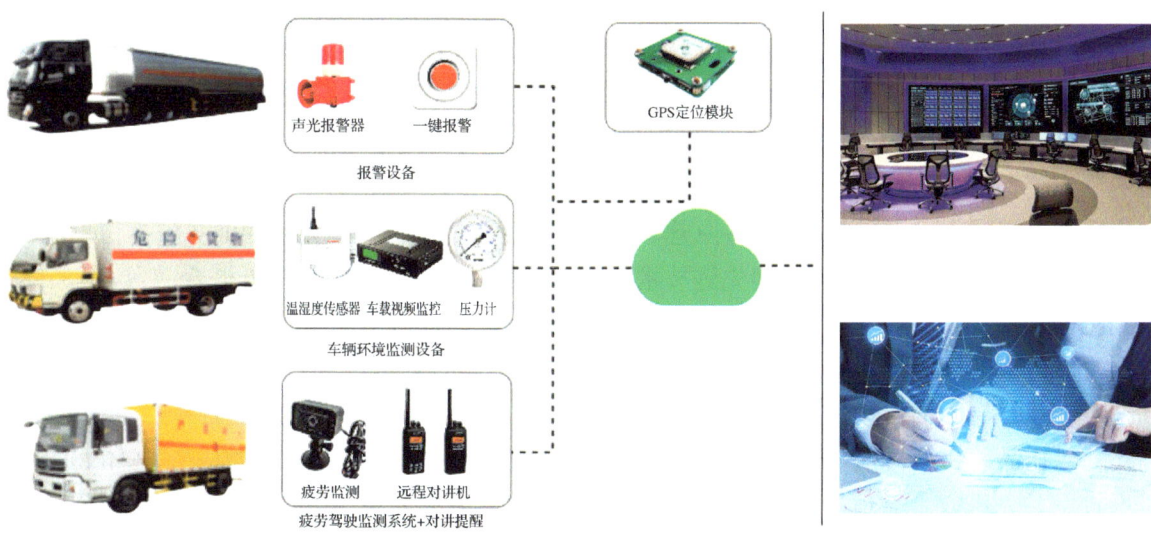

图 3-2 危险化学品智慧运输管理系统应用

（4）货物交付前，按照收货方的需求为收货方提供关于货物接收的智能预约服务，并告知收货方预估的运输时间。

## 任务执行

### 中储智运打造智慧运输新生态品牌

随着信息技术的广泛应用，智慧物流得到了快速发展，物流企业也进入了品牌竞争的新时代。提到物流货运行业的品牌企业，就不得不提中储智运。中储智运自成立以来，在较短的时间内成功走出了一条极具鲜明特点的品牌发展之路，以自身品牌影响力带动了行业的发展，其背后的发展逻辑值得探讨和借鉴。

中储智运是一个年轻的互联网物流品牌，现为国务院国资委混合所有制改革试点单位，具有多年仓储物流服务优势。中储南京智慧物流科技有限公司成立后，倾力打造了业内领先的物流运力议价交易共享平台——中储智运，并于2015年4月上线试运营。

作为较早在业内开展"运费议价机制+无车承运人"模式的平台，中储智运极大地改善了传统物流业"小、散、乱、差"的状况和居高不下的物流成本等行业痛点。

凭借在模式与技术创新、运力与业务拓展、客户服务等方面的卓越表现，中储智运的业务已经覆盖了32个省、自治区、直辖市，辐射全国332个城市，涵盖近842条运输线路，平均不到8秒成功完成一单交易，平均为货主降低12%的成本，司机找货时间缩短32%。据测算，中储智运在2019—2023年累计为货主节约物流成本超20亿元。

中储智运的成功实践，赢得了社会各界的广泛赞誉。在中华人民共和国国家发展和改革委员会、中华人民共和国工业和信息化部、中央网络安全和信息化委员会办公室共同发布的《中国"互联网+"行动发展报告》《中国共享经济发展报告》中，中储智运成功入选"共享经济典型平台"。在中华人民共和国交通运输部发布的《无车承运人试点运行一周年成效有这些》数据报告中，中储智运的运力整合能力最强，其整合车辆数超出第二位、第三位企业整合车辆数的总和。

值得一提的是，作为一个年轻的互联网物流品牌，中储智运能够在短时间内取得如此成就并在业内形成强大的品牌影响力，与它一直坚定实施良好的品牌战略不无关系。

中储智运的年轻团队为客户提供了极致化的服务。每个货主背后都有中储智运的运输顾问负责物流管理事务对接，调度专家结合智能调度进行货场运力维护，客服专员解决货主和司机的各类业务操作问题，风控专家负责突发情况及货物安全保障事务，结算专员确保平台业务结算流程高效、迅捷、合规。这种独特的"一客五服"服务模式不仅提升了服务体验，还在很大程度上提升了平台会员的满意度。

从早于国家试点的"运费议价机制+无车承运人"业务模式，到率先倡导业务流、信息流、资金流、票据流"四流合一"，再到利用先进技术监控"货物轨迹流"，实现"五流合一"，让业务真实性得到全面保障；从定位为物流业高效公共服务提供者，到打造精准闭环供应链功能生态圈和服务生态圈，再到未来构建"新供应链生态圈"的长远布局，这些颠覆性创新均出自中储智运。可以说，中储智运在业务层面的持续创新，为其品牌建设和发展赋予了强大的生命力。

此外，在品牌传播方面，中储智运一直运用多元化的传播策略和方式，形成了立体式的传播体系，通过网站、纸媒、微信、微博、抖音等不断提升品牌影响力和品牌知名度，并积极开展公益活动，实现品牌传播效应最大化。

步骤一：阅读案例，分析中储智运是如何掌握客户需求信息的

_____
_____
_____

步骤二：阅读案例，分析中储智运是如何基于物联网等技术，加强全流程可视化监督的

_____
_____
_____

步骤三：阅读案例，分析中储智运是如何利用智能运载设备提高运输服务的运作效率的

_____
_____
_____

步骤四：阅读案例，分析中储智运是如何通过客户反馈寻找改进方向和目标的

_____
_____
_____

步骤五：各任务组派一名代表上台分享

各任务组派一名代表上台并分享本组的分析结果。

## 任务评价

在完成上述任务后，教师组织进行三方评价，并对学生的任务执行情况进行点评。学生填写任务评价表（见表3-2）。

表3-2 任务评价表

| 任务 || 评价得分 ||||
|---|---|---|---|---|---|
| 任务组 || 成员 ||||
| 评价标准 | 评价任务 | 分值（分） | 自我评价（20%） | 他组评价（30%） | 教师评价（50%） | 合计（100%） |
| 评价标准 | 对运输前的服务要点分析准确 | 25 | | | | |
| 评价标准 | 对运输中的服务要点分析准确 | 25 | | | | |
| 评价标准 | 对运输后的服务要点分析准确 | 25 | | | | |
| 评价标准 | 语言表达流畅 | 25 | | | | |
| 合计 || 100 ||||

## 任务二 体验智慧仓储

### 思政活动

党的二十大报告提出"加快发展数字经济，促进数字经济和实体经济深度融合""着力提升产业链供应链韧性和安全水平"。作为国内首批从事仓储、运输、配送、售后等供应链全流程服务的企业，苏宁物流在智慧仓储建设与运营方面已经形成了领先优势。目前，苏宁物流在全国 48 个城市投入建设并运营了 67 个物流基地，以技术与数据为核心驱动力，全面迈向第五代智慧园区，以完善的基础设施配套体系和专业化的仓储、运输、配送全链路物流服务，高效响应各领域客户多元化的供应链服务需求，助力合作伙伴降本增效。

苏宁物流智慧园区中应用了大量智能化仓储管理措施，旨在全面实现"人、车、货、场"要素的数字化。请同学们观看微视频《苏宁第五代智能仓储》，并思考：苏宁物流的智能化仓储管理措施有哪些？

### 任务描述

**任务：观看视频《苏宁第五代智能仓储》**

请以任务组为单位，认真观看视频《苏宁第五代智能仓储》，分别对货物入库前、货物入库中和货物入库后所涉及的智慧仓储服务要点进行分析，写出分析要点，每组派一名代表上台分享。

### 岗前培训

#### 岗前培训一：智慧仓储的定义

根据 2012—2020 年国家颁布的各项促进仓储业、物流业转型升级的政策，国家正加快脚步加强仓储环节自动化建设，有效地为仓储物流提供了政策保障和依据，为我国仓储业的智能化发展和物流业的现代化发展指明了方向，同时推动运输、仓储、配送等物流环节高效发展。我国智慧仓储相关政策如表 3-3 所示。

智慧仓储是一种仓储管理理念，是通过信息化、物联网和机电一体化共同实现的智慧物流，它可以降低仓储成本，提高运营效率，提升仓储管理能力。

智慧仓储分为两个部分：自动化仓库管理和数字化运营方式。其中，自动化仓库管理是运用自动化搬运设备对高层货架进行处理的立体仓库，结合 WMS，借助 MES 信息化管理平台，进行高效、灵活的搬运工作。数字化运营方式是通过物联网和传感器对货物信息进行实时采集与分析，实现对货物的远程感知与操控，云端形成三维数字服务及仓库管理策略定制，同时支持多个系统协同运行，形成"仓储—分拣—配送"一站式服务。

项目三 走进智慧物流应用场景

表 3-3 我国智慧仓储相关政策

| 时间 | 政策 | 重点 | 特点 |
|---|---|---|---|
| 2012 年 | 《关于促进仓储业转型升级的指导意见》 | ◆ 提高加工配送率<br>◆ 增加立体仓库的使用面积<br>◆ 提高仓储企业机械化、自动化、标准化和信息化水平<br>◆ 减少流通环节仓储费用在商品流通费中的占比 | ◆ 仅聚焦在仓储业的政策较少，一般都是依托整个供应链物流业论述<br>◆ 政策集中在智能硬件，涉及智能仓储软件的政策较少<br>◆ 聚焦仓储的政策较少，更多是依托整个物流业论述<br>◆ 从信息化、标准化到智能化、无人化，再到自主化和安全化，政策对仓储的数字化水平要求越来越高<br>◆ 近些年，颁布政策的频率越来越高 |
| 2016 年 | 《"互联网＋"高效物流实施意见》 | ◆ 支持物流企业建设智能化立体仓库，应用智能化物流装备提升仓储、运输、分拣、包装等作业效率和仓储管理水平 | |
| 2017 年 | 《促进新一代人工智能产业发展三年行动计划（2018—2020 年）》 | ◆ 提升高速分拣机、多层穿梭车、高密度存储穿梭板等物流装备的智能化水平<br>◆ 实现精准、柔性、高效的物流配送和无人化智能仓储 | |
| 2019 年 | 《关于推动物流高质量发展促进形成强大国内市场的意见》 | ◆ 积极推动物流装备制造业发展。开展物流智能装备首台（套）示范应用，推动物流装备向高端化、智能化、自主化、安全化方向发展 | |
| 2020 年 | 《关于进一步降低物流成本的实施意见》 | ◆ 推进新兴技术和智能化设备分用<br>◆ 提高仓储、运输、分拨配送等物流环节的自动化、智慧化水平 | |

🔔 **岗前培训二：智慧仓储的组成**

根据产品流和信息流分类，智慧仓储主要由仓储管理系统和智能仓储硬件两部分组成。智慧仓储模块的组成如图 3-3 所示。

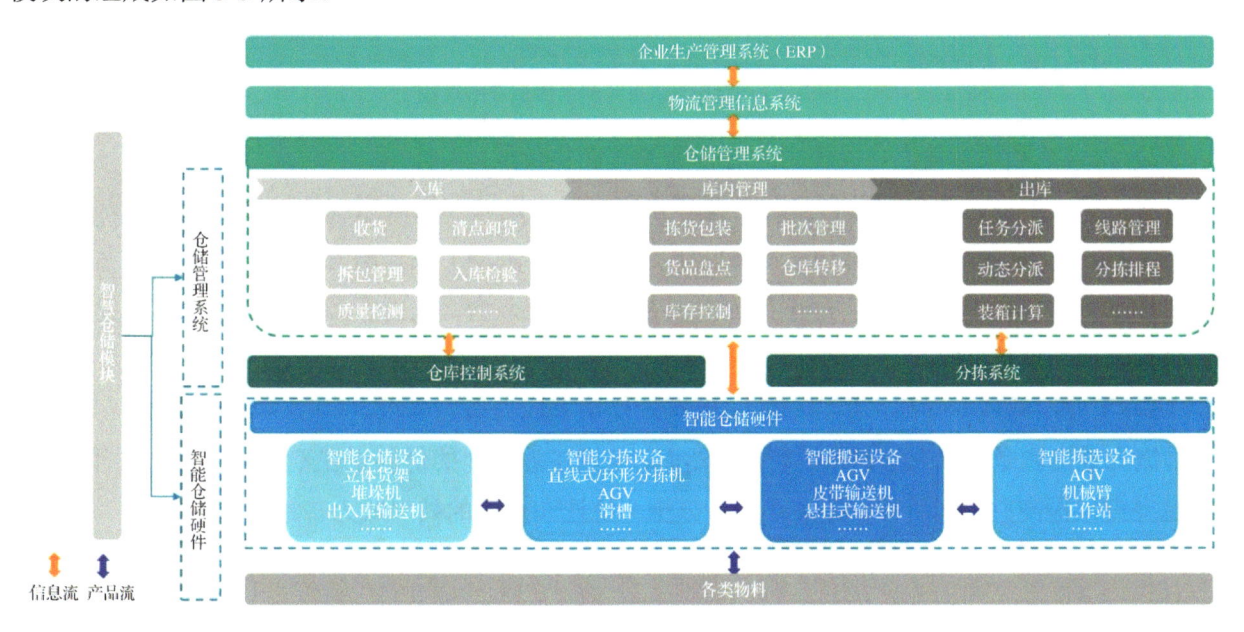

图 3-3 智慧仓储模块的组成

🔔 **岗前培训三：智慧仓储的特征**

智慧仓储需要满足这些特征：以客户需求为中心重构仓储流程，重视仓储流程核心数据的积

33

累和运用，降低人在仓储环节中的参与度，使用新技术促进仓储和供应链各个环节产品流和信息流的流畅运转。

🔔 **岗前培训四：智慧仓储与传统仓储的关系**

### 1. 传统仓储已经无法满足时代要求

（1）个性化需求攀升，生产模式的转变对仓储提出了新要求。

需求端的变化瓦解了"先生产再出售"的生产模式，"先了解需求再生产"的生产模式逐渐成为未来改革的方向，供应链的复杂程度也随着生产模式的改变呈指数级上升。为了契合新的生产模式，仓储需要具有更高的库存水平，处理存储、运输、分拣、拣选等环节。为了控制不断提高的成本，智能化是性价比较高的解决方案之一。传统仓储向智慧仓储演变的过程如图3-4所示。

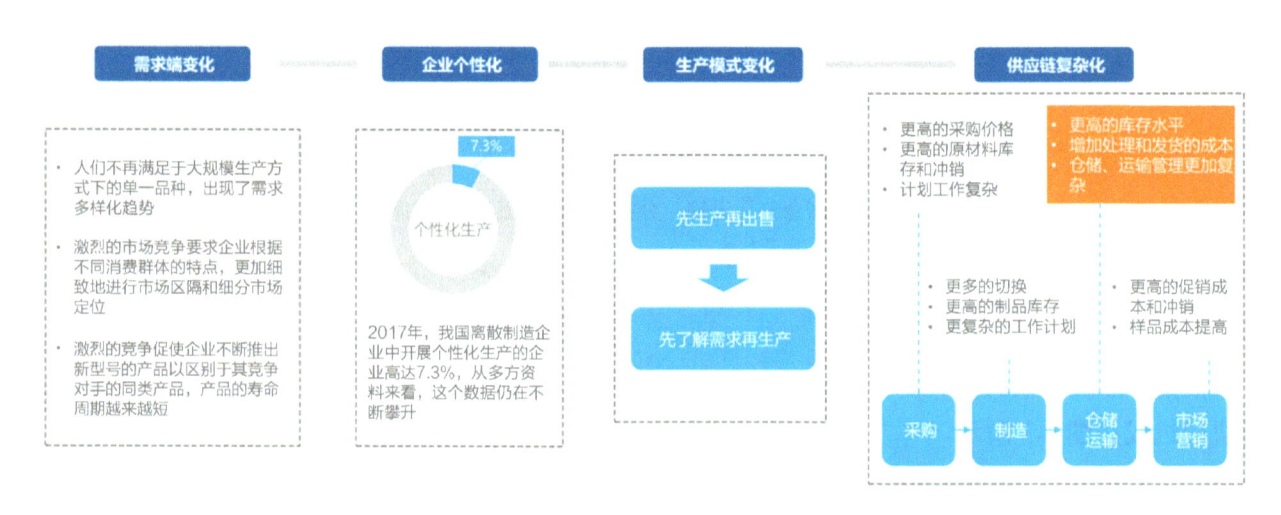

图3-4　传统仓储向智慧仓储演变的过程

（2）人口红利逐渐消失，促使企业进行仓储智能化转型。

目前，第二产业是使用智慧仓储的主流产业，中华人民共和国国家统计局的数据显示，2016—2019年，第二产业劳动力人口减少了1061万人，2022年劳动力人口略有增加，但整体仍呈递减态势。同时，2022年制造业平均工资相较2019年增长32.4%。仓储人力资源的减少和成本的提高促使企业进行仓储智能化转型。

（3）工业用地成本提高，提高仓储面积有效使用率成为普遍需求。

物流土地资源是物流仓储的核心资产。然而，全国工业用地的价格正在不断升高，仓储面积变得越来越宝贵，提高空间利用率，提高存储、分拣、拣选和运输的效率成为普遍需求。

### 2. 智慧仓储技术创新和产品迭代

（1）技术创新进一步推动仓储智能化转型。

近年来，随着科技的发展，更多的创新技术开始应用在物流领域。系统集成技术、机械手、传感器、RFID技术等为智慧仓储搭建了坚实的技术底座。5～10年内，3D（新型显示技术）、VR（Virtual Reality，虚拟现实）、AI（Artificial Intelligence，人工智能）、数字孪生（过程模拟）等技术或将成为物流业的决定性技术，助力智慧仓储的进一步发展。10年内物流技术应用时间分布图如图3-5所示。

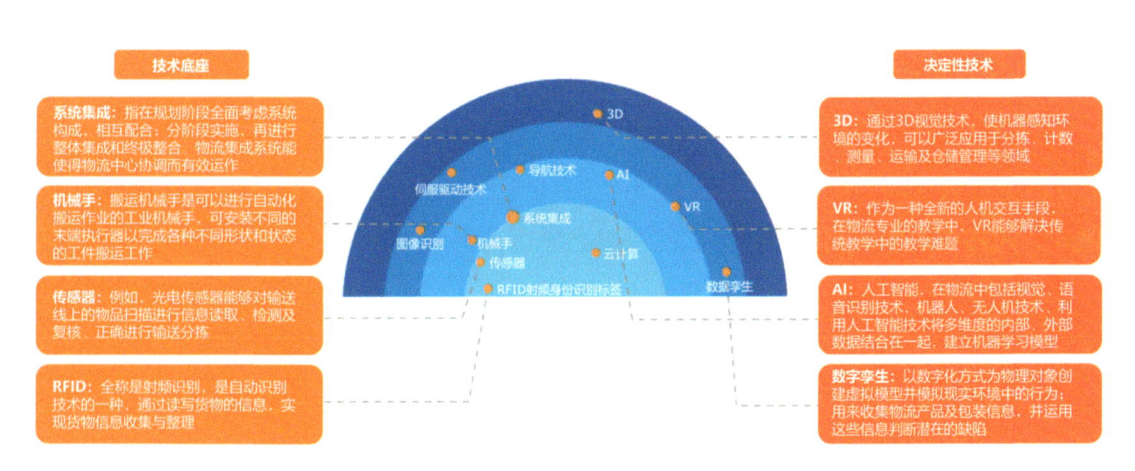

图 3-5　10 年内物流技术应用时间分布图

（2）智慧仓储产品迭代，场景逐渐丰富。

随着技术的发展，自动化分拣、自动化立体库等产品不断迭代，并向模块化、柔性化、融合化的方向不断延伸，信息与产品的流通渠道也愈发通畅，企业可以更加准确、快速地掌握货物信息，实现资源的透明化管理。智慧仓储产品信息表如表 3-4 所示。

表 3-4　智慧仓储产品信息表

| 产　品 | 创　新 | 展　示　图 |
| --- | --- | --- |
| 自动化分拣 | • 快递分拣技术产品成为热点<br>• 出现了"机器人搬运+智能分拣+在线称重+智能打包+自动贴标"等技术融合<br>• 交叉带、模组带、皮带、滚筒等组合创新应用 |  |
| 自动化立体库 | • 无人仓储<br>• "智能穿梭车+密集型货架"组成的密集型存储<br>• 柔性自动化<br>• 多场景分拣：电商、生产企业、冷链等 |  |
| 自动化搬运 | • 导航技术创新：二维码导航、AI 调度+导航、视觉导航、即时定位 SLAM 导航<br>• 产品创新：无人化叉车、AGV、机械手、自动装车、伸缩车 |  |
| 仓储管理软件 | • 打通与生产管理软件、物流管理软件的壁垒，信息流通进一步加深<br>• 应用数字孪生技术，提高可视化和即时性程度 |  |

### 岗前培训五：智慧仓储服务流程

（1）货物入库前，根据客户需求、仓储资源制定智能储存策略，包括储存位置、储存方式、养护方案、储存成本预测等。

（2）货物入库前，提供货物与库位自动匹配服务。

（3）货物入库后，提供实时库存数量、库存状态、库存环境、库存周转率等数据分析服务。

（4）货物在库内，提供远程视频监控服务，包括对储存物状态及相关作业内容的监控。

（5）留存储存服务过程中的数据，维护数据安全。

（6）储存管理系统与客户的信息管理系统进行对接。

（7）提供多仓库内商品库存共享与调拨服务。

（8）当货物入库或出库时，宜采用自动扫描与分拣服务。

## 任务执行

**步骤一：对货物入库前与库位的自动匹配服务进行分析**

_____

_____

_____

**步骤二：对货物入库中物品库内状态记录与数据进行分析**

_____

_____

_____

**步骤三：对货物入库后为客户提供的全程可视化管理服务进行分析**

_____

_____

_____

## 任务评价

在完成上述任务后，教师组织进行三方评价，并对学生的任务执行情况进行点评。学生填写任务评价表（见表3-5）。

表3-5 任务评价表

| 任 务 | | | 评 价 得 分 | | | |
|---|---|---|---|---|---|---|
| 任务组 | | | 成员 | | | |
| | 评价任务 | 分值（分） | 自我评价（20%） | 他组评价（30%） | 教师评价（50%） | 合计（100%） |
| 评价标准 | 对货物入库前的服务分析准确 | 25 | | | | |
| | 对货物入库中的服务分析准确 | 25 | | | | |
| | 对货物入库后的服务分析准确 | 25 | | | | |
| | 语言表达流畅 | 25 | | | | |
| | 合计 | 100 | | | | |

## 任务三 体验智慧配送

### 思政活动

党的二十大报告明确提出:"要坚持马克思主义在意识形态领域指导地位的根本制度,坚持为人民服务、为社会主义服务,坚持百花齐放、百家争鸣,坚持创造性转化、创新性发展,以社会主义核心价值观为引领,发展社会主义先进文化,弘扬革命文化,传承中华优秀传统文化,满足人民日益增长的精神文化需求,巩固全党全国各族人民团结奋斗的共同思想基础,不断提升国家文化软实力和中华文化影响力。"请大家朗读社会主义核心价值观,了解社会主义核心价值观的内涵,新时代下物流人要为客户提供更加专业的配送服务,为社会创造更多的价值,那么物流人的社会责任有哪些呢?社会主义核心价值观如图3-6所示。

图3-6 社会主义核心价值观

### 任务描述

(1)对华为物流有限公司、日日顺物流有限公司、京东物流股份有限公司开展网络调研,分析大件商品配送预约服务,并提供配送后的优化服务方案。

(2)对中远海运物流有限公司、菜鸟网络科技有限公司开展网络调研,了解企业可视化监控服务应用情况,并形成调研报告。

### 岗前培训

#### 岗前培训一:智慧配送的定义

配送作为智慧物流的末端环节,在人工智能等技术的发展下,多类型、自动化、智能化设备越来越普及,无接触式配送正在成为智慧配送的标配。尤其近几年,无接触式配送发展得如火如荼,物流业正在向以无人车、无人机等为代表性技术的物流无人化转型。

智慧配送是指在配送管理业务流程再造的基础上，利用 RFID、网络通信、GIS（Geographic Information System，地理信息系统）等信息化技术和先进的管理方法，实现提货、送货、退货、回收管理的双向通信，以及补货提醒、配送路径优化等智能管理功能，以降低配送成本，提高配送效率，提升配送智慧管理能力。

### 🔔 岗前培训二：智慧配送的实质

智慧配送是智慧物流体系中的核心功能，其实质是利用集成智能化技术，让配送系统模仿人的智能，具备思维、学习、感知、推理判断、解决问题等能力，以对配送过程中出现的各种难题进行分析和判断并自行解决。也就是利用各种互联网技术从接收订单开始，自动化处理备货、储存、分拣、配货、配装、配送运输、送达服务及配送加工，让信息流快速流动，以便在各个操作环节及时获取信息，对信息进行分析并做出决策。简单地说，智慧配送就是借助传感器、RFID 技术、移动通信技术，让物流配送实现自动化、信息化、网络化。

### 🔔 岗前培训三：智慧配送的特征

（1）自动感知。物流企业利用感知技术获取配送流程中产生的各种信息，包括消费者订单、库存信息、货物属性、分拣配货信息、运输车辆状态、物品载荷程度等，将信息数字化处理作为协调各项配送活动的决策依据。

（2）整体规划。信息产生于配送流程中较为分散的作业活动，智慧配送系统应具有信息收纳功能，构建基于互联网平台的数据处理中心，让分散的信息在此处进行集中、分类、规整，实现配送流程协同一体化运作。

（3）智能分析。物流企业利用智能学习系统模拟实际配送活动中出现的难题，根据具体问题提出假设，并在模拟环境下分析问题、实施对策，从而为智能分析系统提供类似问题的解决范式，而智能分析系统会自行调用已有的经验数据，实现智慧化决策。

（4）决策优化。随着市场需求和物流企业追求目标的变化，智慧配送系统能够根据配送成本、配送时间、配送距离、车辆数目等对特定需求进行评估，基于确定型、非确定型、风险型的决策条件比较决策方案，确定合理、有效的解决方案。

（5）修正与反馈。智慧配送系统体现在业务流程柔性化操作方面。智慧配送系统不仅可以自动按照最佳问题解决方案、最快捷的路线运行，还可以依据条件和目标的改变随时修正决策方案；对修正的内容自动备份并及时反馈给相关的配送环节，使业务操作人员实时了解作业运行情况，使管理人员严格把控各个环节。

### 🔔 岗前培训四：智慧配送与传统配送的关系

传统配送中主要存在分货、拣货、验货效率不高，补货滞后，配送路径重复导致配送成本过高等问题。在物流转型时代，人们对如何优化配送路径、如何智能补货提醒、如何准时收货发货、如何高效率分拣及准确验货提出了更高的要求。

针对目前传统配送管理环节中存在的主要问题，通过实施智慧配送项目，实现配送路径智能化决策、提货送货时快速验货、配送货物库区内快速分拣，将大大提高配送效率，降低配送成本。智慧配送系统架构图如图 3-7 所示。

项目三　走进智慧物流应用场景

图 3-7　智慧配送系统架构图

　　智慧配送不但可以实现配送信息自动识别和自动预警，而且可以实现配送路径的智能管理，是物流业的一大创新。

### 🔔 岗前培训五：智慧配送服务流程

　　（1）货物配送前，根据收货方的需求进行配送预约，提供按约配送、临时变更和自主取消等服务。

　　在企业实践中，华为技术有限公司灵蜂物流中心、日日顺大件无人仓、京东物流等都提供了配送预约服务，这是确保物流全程运作高效进行的重要基础。

　　（2）货物配送时，通过物联网设备可实现货物追踪服务，并在重要环节进行远程视频监控，提供货物配送过程可视化、可追溯服务。我国主要货运企业可视化监控服务应用情况，如表 3-6 所示。

表 3-6　我国主要货运企业可视化监控服务应用情况

| 序　号 | 企　业 | 可视化监控服务应用情况 |
| --- | --- | --- |
| 1 | 安徽江汽物流有限公司 | 数据监控平台 |
| 2 | 中外运空运发展股份有限公司 | 物流运输可视化服务平台 |
| 3 | 中储南京智慧物流科技有限公司 | 智运宝、智运罗盘、智运千里眼、智通 |
| 4 | 上海申丝物流有限公司 | 申丝物流信息平台 |
| 5 | 安得智联科技股份有限公司 | 公路运力平台 |

　　（3）针对配送全过程作业提供智能监控与异常预警、运力实时调度、路径实时优化等服务。

　　（4）提供安全配送服务，包括根据货物属性配置合适的设施设备以避免货物受损、货物污染及客户信息泄露。

　　（5）货物配送后收集收货方的反馈信息，提供优化服务方案。

### 👀 任务执行

步骤一：开展网络调研，并形成配送预约服务调研报告

　　对华为物流有限公司、日日顺物流有限公司、京东物流股份有限公司开展网络调研，分析企业是如何利用人工智能提供大件商品配送预约服务，确保物流全程运作高效进行的，并形成调研报告。

### 步骤二：开展网络调研，并形成可视化监控服务调研报告

智慧配送与传统配送的突出差异是，基于物联网技术实现全程可视化监控和可追溯管理。对中远海运物流有限公司、菜鸟网络科技有限公司开展网络调研，了解企业可视化监控服务应用情况，并形成调研报告。

### 步骤三：开展网络调研，并形成配送后的优化服务方案

在智慧配送服务结束后，及时收集客户的意见，以更好地改进企业服务。请以任务组为单位，为华为技术有限公司灵蜂物流中心、日日顺大件无人仓、京东物流股份有限公司设计货物配送后的优化服务方案。

## 任务评价

在完成上述任务后，教师组织进行三方评价，并对学生的任务执行情况进行点评。学生填写任务评价表（见表3-7）。

表3-7 任务评价表

| 任务 | 评价得分 | | | | |
|---|---|---|---|---|---|
| 任务组 | 成员 | | | | |
| 评价任务 | 分值（分） | 自我评价（20%） | 他组评价（30%） | 教师评价（50%） | 合计（100%） |
| 评价标准 | 优化服务方案合理 | 50 | | | | |
| | 可视化监控服务调研报告规范 | 50 | | | | |
| | 合计 | 100 | | | | |

## 任务四 体验智慧装卸搬运

### 思政活动

中国共产党第二十次全国代表大会的主题是"高举中国特色社会主义伟大旗帜，全面贯彻新时代中国特色社会主义思想，弘扬伟大建党精神，自信自强、守正创新，踔厉奋发、勇毅前行，为全面建设社会主义现代化国家、全面推进中华民族伟大复兴而团结奋斗"。在中国共产党的百年发展历程中，劳模精神、劳动精神、工匠精神经历了"变"与"不变"的时代演绎。不变的，是其始终代表着中华民族独特的精神标识，彰显着党的光荣传统和优良作风，赓续着国家和民族的精神追求，始终是激励广大青年学子拼搏奋斗、不断前行的强大内驱力。请同学们观看视频《抓斗大王包起帆的故事》，感受老一辈物流人做一行爱一行的赤子情怀，了解抓斗大王包起帆是如何从一名普通的码头工人成为全国知名的装卸搬运设备高级工程师的，探讨包起帆是如何为港口业解决迫切的生产实际问题的。

## 📖 任务描述

（1）对菜鸟网络科技有限公司、苏宁易购集团股份有限公司开展网络调研，了解企业使用 AGV（Automated Guided Vehicle，自动导向车）等智能装运设备的情况，并形成调研报告。

（2）对圆通速递股份有限公司、百世物流科技（中国）有限公司开展网络调研，了解企业是如何为客户提供实时应对、智能优化和智能执行的方案的，并形成调研报告。

## ⏰ 岗前培训

### 🔔 岗前培训一：智慧装卸搬运的定义

装卸搬运活动是物流活动中不可缺少的环节，在物流活动中起着承上启下的作用。物流的各环节和同一环节不同作业之间，都必须进行装卸搬运作业，正是装卸搬运活动把物流各个阶段连接起来，使之成为连续的流动的过程。

智慧装卸搬运是自动化装卸搬运作业发展的高级阶段，它不仅实现了作业过程的自动运行与自动控制，还应用物联网技术、人工智能技术实现了作业环境的智能感知、作业方式的智能选择、作业状态的智能控制及应急情况的智能处置，从而达到装卸搬运无人化运作要求。智慧装卸搬运设备——AGV 智能叉车，如图 3-8 所示。

图 3-8　智慧装卸搬运设备——AGV 智能叉车

### 🔔 岗前培训二：智慧装卸搬运的特征

#### 1. 无人化

由于货物的装卸搬运作业不产生价值，作业次数越多，货物破损和发生事故的概率越高，费用就越高，所以防止和消除无效作业对提高装卸搬运作业的经济效益具有重要意义。物料在装卸搬运的过程中要实现水平和垂直两个方向的位移，选择短的路线完成这一活动，就可以避免无效劳动。智慧装卸搬运系统设计的路线都是经过调度系统计算得出的优化路线，可有效减少无效装卸搬运作业。智能搬运机器人的使用场景，如图 3-9 所示。

图 3-9　智能搬运机器人的使用场景

### 2. 柔性化

智慧装卸搬运的柔性化特点是指装卸搬运的作业路径、作业样式、力度功率可以根据仓储货位要求、生产工艺流程、物流作业环境等的改变而灵活改变。例如，智能搬运机器人在制造业已成功应用多年，并被大范围投入使用。随着智能搬运机器人逐渐渗透到每个行业，智能搬运机器人应用模式的效率远远高于过去模式。复杂的仓库环境对智能搬运机器人的技术要求更高，对导航技术和系统方面的要求更柔性、更智能。智能搬运机器人可以在工作范围内的任意位置自由走动，并自动躲开障碍物，自动完成工作。

### 3. 高效化

传统装卸搬运作业大多依靠人工叉车来完成，作业期间需要多人协同配合，且手动控制叉车对孔进叉难度大、效率低，很容易损坏货物。同时，在业务高峰期传统装卸搬运作业劳动强度大，难以满足日益增长的业务量需求，且疲劳驾驶容易导致安全问题。因此，在工业技术快速发展的今天，智慧装卸搬运系统的出现是必然趋势。

🔔 **岗前培训三：智慧装卸搬运的作用**

#### 1. 有利于提高作业效率，减少作业差错

在调度系统的控制下，智慧装卸搬运系统可以有效提高装卸搬运效率，避免人为失误造成的货物损坏，提高智慧仓储利用率。

#### 2. 有利于适应多种复杂作业环境

智慧装卸搬运设备被广泛应用于自动化生产线、自动装配流水线、码垛搬运、集装箱等多种复杂作业环境。智慧装卸搬运设备的使用场景，如图3-10所示。

智能起重机　　智能叉车

智能堆垛机

图 3-10　智慧装卸搬运设备的使用场景

#### 3. 有利于实现数据互通，高效协同

智慧装卸搬运设备通过编程完成各种预期任务，实现点对点货物装卸搬运的自动化和智能化，从而实现数据互通，高效协同，减少搬运时间，降低货物的损耗程度和投入成本。

### 🔔 岗前培训四：智慧装卸搬运服务流程

（1）基于仓储方式、货物属性、载具属性和运载方式，对货物装卸搬运的顺序、路径规划和堆放方式提供实时应对、智能优化和智能执行的方案。

（2）使用 AGV、RGV（Rail Guided Vehicle，有轨制导车辆）等智能装卸搬运设备提供服务。

在实践中，提供智慧物流服务的企业已经开始使用 AGV 等智能装卸搬运设备，表 3-8 所示内容为我国主要企业仓储 AGV 分布情况，据新战略机器人产业研究所统计，中国移动机器人产业联盟数据显示，2022 年我国 AGV 机器人所有品类产品新增量为 4.53 万台，与 2021 年相比增长约 13.5%，可以发现越来越多的企业开始使用 AGV 等智能装卸搬运设备，年度增长比例越来越大。

表 3-8 我国主要企业仓储 AGV 分布情况

| 序号 | 企业 | 仓储 AGV 布局 |
| --- | --- | --- |
| 1 | 北京京东乾石科技有限公司 | 武汉亚一小件无人仓、华北物流中心 AGV 仓、昆山无人分拣中心、上海亚一三期无人仓 |
| 2 | 圆通速递股份有限公司 | 仓库自动分拣线 |
| 3 | 申通快递有限公司 | 小黄人仓储 |
| 4 | 百世物流科技（中国）有限公司 | 智能分拣中心 |

（3）与仓储、运输等环节进行实时信息交换，优化并调整装卸搬运方案。

（4）建立智能监控系统，对人员、装卸搬运设备、货物状态、作业过程进行实时监控与异常预警。

### 🔔 岗前培训五：智慧装卸搬运的应用

#### 1. 在智慧仓储领域的应用

智能仓储领域是智慧装卸搬运设备及技术应用的主要领域，应用智慧装卸搬运设备及技术可以实现仓储货物自动卸车、自动输送、自动分拣、自动取货、自动装车及信息数据自动更新等。

#### 2. 在智能工厂领域的应用

因为智慧装卸搬运设备 AGV（见图 3-11）起到了连接智能环节的作用，所以成为智能工厂中不可或缺的智能装备。由多个 AGV 组成的自动运输系统，是实现物流自动运输的重要手段，对提高灵活性、降低成本、节省生产时间和减少资源耗费具有重要意义。

图 3-11 智慧装卸搬运设备 AGV

#### 3. 在智慧港口领域的应用

自动化港口码头是智慧装卸搬运系统应用的重要领域。与传统码头最大的区别在于，使用先进的管理和控制软件让运营设备部分替代或全部替代通常由人工完成的集装箱搬运和装卸工作。AGV 则是取代传统码头内集卡的全自动无人驾驶的水平运输设备。

## 任务执行

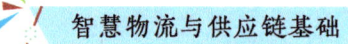

**步骤一：智慧装卸搬运服务开始前，为客户提供智慧装卸搬运方案**

企业通过智慧装卸搬运服务可以实现仓储货物自动卸车、自动输送、自动分拣、自动取货、自动装车及信息数据自动更新等。在智慧装卸搬运服务开始前，智慧装卸搬运系统为客户提供实时应对、智能优化和智能执行的方案，提高现场服务作业效率，减少作业过程反复更改的缺陷。

**步骤二：在智慧装卸搬运服务过程中优化并调整智慧装卸搬运方案**

在智慧装卸搬运服务过程中，实时信息交互是实现高效互通的运作模式，同时有助于装卸搬运环节与其他关联环节（如仓储、运输等）沟通，确保上下游服务程序高效匹配。

**步骤三：智慧装卸搬运服务过程中进行实时监控与异常预警**

在智慧装卸搬运服务过程中，设置相应的监控系统，以确保服务过程安全并高效运行，这是智慧物流可视化管理的重要环节。

## 任务评价

在完成上述任务后，教师组织进行三方评价，并对学生的任务执行情况进行点评。学生填写任务评价表（见表3-9）。

表3-9 任务评价表

| 任 务 | | 评 价 得 分 | | | |
|---|---|---|---|---|---|
| 任务组 | | 成员 | | | |
| | 评价任务 | 分值（分） | 自我评价（20%） | 他组评价（30%） | 教师评价（50%） | 合计（100%） |
| 评价标准 | 智能装运设备调研报告规范 | 50 | | | | |
| | 智能服务调研报告规范 | 50 | | | | |
| | 合计 | 100 | | | | |

# 任务五 体验智慧包装

## 思政活动

"创新、协调、绿色、开放、共享"的新发展理念，对进一步转变发展方式、优化经济结构、转换增长动力、推动我国经济实现高质量发展具有重大指导意义。党的二十大报告明确提出："推动战略性新兴产业融合集群发展，构建新一代信息技术、人工智能、生物技术、新能源、新材料、高端装备、绿色环保等一批新的增长引擎。"树立绿色发展理念，必须建设资源节约型、环境友好型社会，坚定地走生产发展、生活富裕、生态良好的文明发展之路，推进美丽中国建设，为人民群众创造良好的生产生活环境。

近年来，我国经济快速发展，人民生活水平大幅提升，消费升级趋势显著。党的二十大报告中指出："人民群众获得感、幸福感、安全感更加充实、更有保障、更可持续，共同富裕取得新成效。"传统包装应用的被动性，越来越难以满足多元化业态的需求。请同学们观看视频《京东物流循环"青流箱"》，并思考：智慧包装是如何全面推进经济高质量发展并提升人民幸福感的？

## 任务描述

（1）调研顺丰、菜鸟、京东、苏宁、中国邮政等知名企业推出的智慧包装举措及成效。
（2）通过网络查找资料，了解智慧包装件监测服务常见项目及原理。

## 岗前培训

### 岗前培训一：智慧包装的定义

近年来，随着物联网、云计算、大数据等新兴技术的不断发展，品牌商对包装的态度正在改变，他们越来越重视标签、包装与消费者的沟通功能。通过标签和包装，商家可以让消费者在店内、家里甚至线上获得额外的产品体验。例如，扫一扫包装上的二维码，为个人或企业定制的视频便会以全息投影的方式在产品上显现，效果炫酷，这是智慧包装技术在行业中的应用之一。通过智慧包装商家可以融入不同的互动模式，不仅能够精准击中市场和消费者对个性化的期望，还能实现口碑和销售量的双赢。

智慧包装是在互联网的基础上，将包装延伸并扩展到任何物品之间，进行信息交换和通信，也就是物物相连。因为该技术涵盖物联网、智能、包装等多个行业和领域，所以智能包装也称为物联网智能包装。

智慧包装拥有唯一芯片、唯一条码、唯一网络、唯一视频、唯一编号、唯一包装，可以全程追溯查询，可以营销互动，保证了产品和包装的唯一性、保密性，进出仓库自动读取信息，自动对仓库内存货的品名、型号、位置、数量、状态、移动及状况等采集及时而准确的信息，并传输给仓库智能管理系统，为客户提供包装、追溯、打假、营销、流量入口、大数据等一站式服务。基于NFC芯片技术的智慧包装防伪溯源展示图，如图3-12所示。

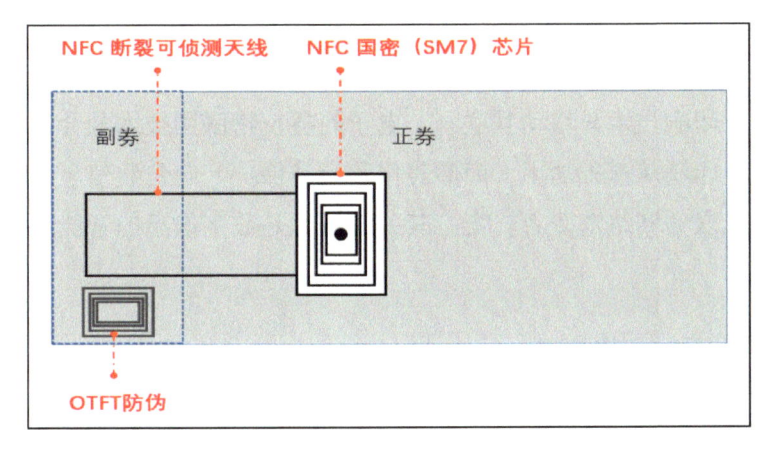

图3-12 基于NFC芯片技术的智慧包装防伪溯源展示图

## 🔔 岗前培训二：智慧包装的特征

大数据时代的智慧包装可以通过包装材料上的无线射频识别标签、可变数据条形码、一维条形码及二维码等各类智能标签来实现。例如，通过每个产品的唯一性代码进行动态链接，不断地收集和研究消费者的行为习惯，然后反馈给产品生产管理、流通防伪溯源、品牌宣传、营销互动等多个环节。通过大数据的归集、分析、处理，智慧包装可以逐步成为工业4.0和企业数字化管理的重要工具。

智慧包装的特征如下。

（1）能够提高物流的处理效率，节省物流费用。
（2）能够有效地控制内容物和包装的质量，减少损坏。
（3）能够有效保障商品质量安全性。
（4）对于重新利用和循环使用包装件具有积极意义。

## 🔔 岗前培训三：智慧包装与传统包装的关系

近年来，随着移动互联网的普及，智慧包装也在加速发展，未来，物联网与大数据的应用将进一步引起包装产业的变革。面对当前人们消费需求的不断提升和数字化生活的冲击，传统包装转向智慧包装将成为不可阻挡的发展趋势。

传统包装的三大缺点是，物品无法可靠溯源；过度包装，无法回收或重复使用；商品丢失损毁，无法跟踪。

而通过智慧包装技术（见图3-13）可将包装、产品、产品信息化档案紧密联系在一起，实现防伪溯源、防窜货、扫码营销等诸多功能。帮助企业一站式解决防伪、溯源及营销需求。消费者用手机扫码便可以查询产品真伪和溯源信息，亦可同时体验扫码营销活动，帮助企业迅速树立品牌形象，提升消费者对品牌的记忆度。

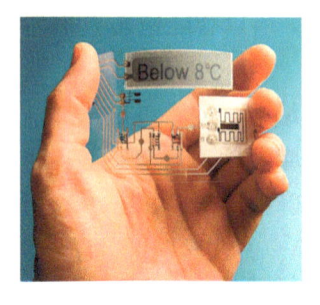

图3-13 智慧包装技术展示图

从智慧包装的发展趋势来看，智慧包装的交互性越来越重要。传统包装制造正在通过"互联网+"将传统印刷技术、数字印刷技术与移动互联网、电子商务及物联网技术融合，主动构建智慧包装制造体系，推动传统包装印刷从基础功用（商品美化和商品保护）向包装信息与现代物联网进行数字识别关联转变，向快速服务网络消费者转变，其关键技术是数字信息的智能关联技术、定制与安全防伪技术。

## 🔔 岗前培训四：智慧包装的应用

### 1. 自适应包装

自适应包装是一种模拟食品需要的环境参数，自动调节食品在储藏和转移过程中的环境变化，使包装环境能最大限度地实现食品的储存与保质的包装技术。自适应包装所要调节或适应的食品环境参数主要包括温度、湿度、压力、气体组分等。

### 2. 显窃启包装

显窃启包装是一种为防止开启、偷换、撕破、恶作剧等行为的特别的包装技术，它可以判断物品在外包装开启前的安全性。

### 3. 可跟踪性运输包装

可跟踪性运输包装是指通过全程跟踪包装物品及容器的运输和流通过程，方便管理者及时完成对其流通渠道和运输路径的优化调整的包装技术。这种包装技术的特点是在容器或托盘上装有电子芯片，及时追踪、记录各种信息，信息能够在任何时间和地点被读出。工业 4.0 时代下的可跟踪性运输包装，如图 3-14 所示。

图 3-14　工业 4.0 时代下的可跟踪性运输包装

### 4. 智能标签

智能标签是标签领域的高新技术产品，如今它在产品包装中发挥着重要作用，并逐步替代传统的产品标签和条形码。智能标签包含无线射频识别标签、隐蔽或公开的商标保护指示器和提示产品状况的传感器。智能标签增强了标签的防伪效果，尤其在药品包装中，它的防伪功能已大大超过了条形码的功能。

### 🔔 岗前培训五：智慧包装服务流程

（1）结合客户的要求、内装物特性、限制事项、危害因素、内装物的防护、包装方式等，采用智能算法，为客户制定包装作业优化方案。

（2）提供绿色包装方案自动推荐服务，包括满足内装物特性、需求方成本、环保要求和限制事项要求的绿色包装方案自动推荐。

在提供智慧包装服务前，结合当前碳达峰碳中和的发展趋势和企业的可持续发展要求，企业为客户提供绿色包装服务选项。

（3）提供包装过程中涉及人、物、包装材料、限制事项等数据的可视化服务。

（4）提供支持智能无人包装循环箱（见图 3-15）的服务，包括电子面单代替传统纸质快递单、支持电子付费、支持扫描二维码开箱取货。

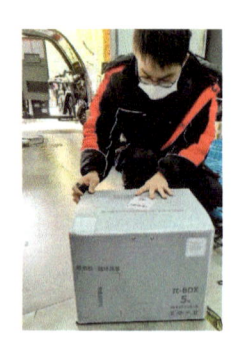

(a) 顺丰速运新一代循环快递箱　　　　　（b) 京东物流循环"青流箱"

图 3-15　智能无人包装循环箱

（5）提供包装异常处理服务，包括且不限于各类智能包装技术与设备异常处理的服务。

（6）在提供智慧包装服务时，针对包装作业建立智能安全监控系统，对人员规范作业、各类包装设备、货物状态、作业过程进行全面管理。

（7）保护智慧包装服务全流程用户的数据隐私。

## 任务执行

### 步骤一：根据客户需求制定最优服务方案

在提供智慧包装服务前，为体现智慧包装的特点，企业需要掌握客户需求，为客户制定优质服务方案，并将方案做到最优。

### 步骤二：进行智慧包装绿色化、减量化和循环化转型

在提供智慧包装服务前，结合当前碳达峰碳中和的发展趋势和企业的可持续发展要求，企业为客户提供绿色包装服务选项。调研顺丰速运有限公司、菜鸟网络科技有限公司、京东物流股份有限公司、苏宁易购集团股份有限公司、中国邮政集团有限公司推出的智慧包装产品、具体举措及成效，完成表 3-10。

表 3-10　5 家公司智慧包装举措及成效一览表

| 序　号 | 企业名称 | 智慧包装产品 | 具体举措 | 成　效 |
| --- | --- | --- | --- | --- |
| 1 | 顺丰速运有限公司 | | | |
| 2 | 菜鸟网络科技有限公司 | | | |
| 3 | 京东物流股份有限公司 | | | |
| 4 | 苏宁易购集团股份有限公司 | | | |
| 5 | 中国邮政集团有限公司 | | | |

### 步骤三：对智慧包装件进行监测，保障物流服务的可监测性和可追溯性

对智慧包装件有要求时要进行试验，以验证智慧包装件是否达到预定的防护要求。可使用流通环境记录仪、温度指示卡、倾倒指示标签或冲击指示标签，对处于流通过程中的智慧包装件进行监测，记录和分析智慧包装件在流通过程中经受的各种危险因素，通过监测数据判断智慧包装件的状态，

发现可能或已经出现的损坏，及时采取相应措施。

通过网络查找资料，并完成表3-11。

表3-11 智慧包装件监测服务的常见监测项目和监测原理

| 序 号 | 常见监测项目 | 监 测 原 理 |
|---|---|---|
| 1 | 温湿度处理试验 | |
| 2 | 跌落试验 | |
| 3 | 压力试验 | |
| 4 | 定频振动试验 | |
| 5 | 随机振动试验 | |

### 步骤四：对智慧包装件进行改进，达到损失最小化

在提供智慧包装服务时，企业必须根据可视化数据的监测结果及时处理异常，改进服务。根据试验验证结果、监测数据、客户反馈、投诉及调查结果，不断地对内装物、包装进行改进，以达到智慧包装件损失最小化的目的。

## 任务评价

在完成上述任务后，教师组织进行三方评价，并对学生的任务执行情况进行点评。学生填写任务评价表（见表3-12）。

表3-12 任务评价表

| 任 务 | | | 评 价 得 分 | | | |
|---|---|---|---|---|---|---|
| 任务组 | | 成员 | | | | |
| | 评价任务 | 分值（分） | 自我评价（20%） | 他组评价（30%） | 教师评价（50%） | 合计（100%） |
| 评价标准 | 写出5家公司的智慧包装举措及成效 | 50 | | | | |
| | 写出智慧包装件监测项目的监测原理 | 50 | | | | |
| | 合计 | 100 | | | | |

# 项目四

# 认识常见的智慧物流

## 学习目标

### 知识目标

（1）理解智慧冷链物流的定义。
（2）掌握智慧冷链物流的主要服务模式和智慧冷链物流的业务流程。
（3）了解智慧电商物流的模式。
（4）掌握智慧电商物流的作业系统和智慧电商物流的基本业务流程。
（5）掌握智慧社区物流的主要设备及技术。
（6）掌握智慧国际物流的业务流程和智慧国际物流的网络。

### 能力目标

（1）能够根据货物特性和企业需求，规划智慧冷链物流的业务流程。
（2）能够根据企业实际情况，设计智慧电商物流的作业系统，选配合适的技术和装备。
（3）能够根据新零售业务模式，规划科学、合理的智慧社区物流服务模式。
（4）能够根据企业的实际需求，设计智慧国际物流系统，优化智慧国际物流的业务流程。

### 思政目标

（1）引导学生树立"集成、精益、敏捷、多赢、绿色、共享"的现代物流理念。
（2）培养学生敢于积极应对管理控制风险、不怕吃苦的意志和品质。
（3）培养学生诚实守信的品质、细致严谨的工作作风和吃苦耐劳的精神。

## 思维导图

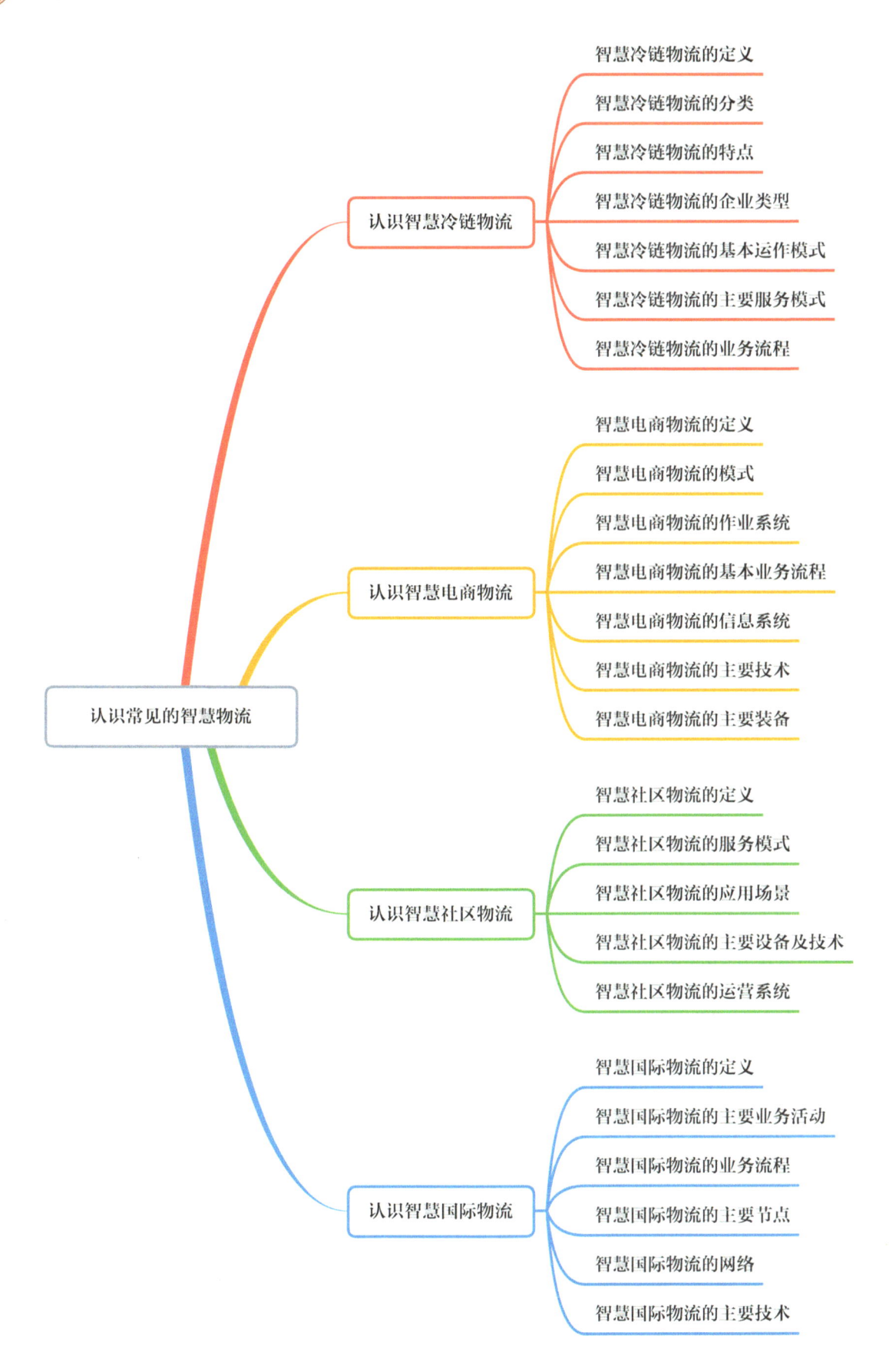

- 认识常见的智慧物流
  - 认识智慧冷链物流
    - 智慧冷链物流的定义
    - 智慧冷链物流的分类
    - 智慧冷链物流的特点
    - 智慧冷链物流的企业类型
    - 智慧冷链物流的基本运作模式
    - 智慧冷链物流的主要服务模式
    - 智慧冷链物流的业务流程
  - 认识智慧电商物流
    - 智慧电商物流的定义
    - 智慧电商物流的模式
    - 智慧电商物流的作业系统
    - 智慧电商物流的基本业务流程
    - 智慧电商物流的信息系统
    - 智慧电商物流的主要技术
    - 智慧电商物流的主要装备
  - 认识智慧社区物流
    - 智慧社区物流的定义
    - 智慧社区物流的服务模式
    - 智慧社区物流的应用场景
    - 智慧社区物流的主要设备及技术
    - 智慧社区物流的运营系统
  - 认识智慧国际物流
    - 智慧国际物流的定义
    - 智慧国际物流的主要业务活动
    - 智慧国际物流的业务流程
    - 智慧国际物流的主要节点
    - 智慧国际物流的网络
    - 智慧国际物流的主要技术

智慧物流与供应链基础

# 任务一 认识智慧冷链物流

## 思政活动

近年来，国家层面发布多项与冷链物流相关的政策，涉及国务院、中华人民共和国国家发展和改革委员会、中华人民共和国农业农村部等多个部门，政策支撑力度不断加大。例如，《"十四五"冷链物流发展规划》提出"到2025年，初步形成衔接产地销地、覆盖城市乡村、联通国内国际的冷链物流网络，基本建成符合我国国情和产业结构特点、适应经济社会发展需要的冷链物流体系"。人民日益增长的生活需求及进口冷链产品、生鲜电商、社区团购、直播电商、预制菜等新业态的发展推动我国冷链物流市场规模不断扩大。请结合案例思考：冷链物流在保障食品安全方面发挥了哪些作用？

## 任务描述

阅读案例《A公司冷链物流智慧升级》，并应用所学知识对该案例进行分析。

## 岗前培训

随着新一轮科技革命和产业变革的到来，大数据、物联网、第五代移动通信（5G）、云计算等新技术被快速推广，有效赋能冷链物流各领域、各环节，加快设施装备数字化转型和智慧化升级步伐，提高信息实时采集和动态监测的效率，为实现冷链物流全链条温度可控、过程可视、源头可溯，提升仓储、运输、配送等环节一体化运作和精准管控能力提供了有力支撑。

### 岗前培训一：智慧冷链物流的定义

智慧冷链物流是指在物流系统中采用物联网、大数据、云计算和人工智能等先进技术，使整个冷链物流系统运作如同在人的大脑指挥下实时收集并处理信息，做出最优决策，实现最优布局，冷链物流系统中各组成单元能够实现高质量、高效率、低成本的分工、协同；简单地说，智慧冷链物流的本质是物品从供应地到接收地的智能移动过程，通过对物流赋能实现人与物、物与物之间的物流信息交互，是高层次、高端化的新型物流形态。

### 岗前培训二：智慧冷链物流的分类

智慧冷链物流按服务对象分类（见表4-1），主要包括初级农产品冷链物流、加工食品冷链物流、医药用品冷链物流、工业用品冷链物流。其中，农产品与食品是我国冷链物流业的主要服务品类，医药用品、工业用品占比较小。

表4-1 智慧冷链物流的分类

| 序 号 | 类 型 | 服务对象 | 货物品项 |
| --- | --- | --- | --- |
| 1 | 初级农产品冷链物流 | 果蔬、肉类、水产等 | 水果、蔬菜；畜类、禽类等初级产品；鱼类、甲壳类等 |

续表

| 序号 | 类型 | 服务对象 | 货物品项 |
|---|---|---|---|
| 2 | 加工食品冷链物流 | 冷冻饮品、乳制品、速冻食品、预制菜等 | 雪糕；鲜奶；馅类速冻食品；预制品菜等 |
| 3 | 医药用品冷链物流 | 医药、生物试剂、医疗器械等 | 中成药；疫苗；血液制品；凝胶类医疗器械等 |
| 4 | 工业用品冷链物流 | 电子产品、工业橡胶、化学原料、涂料、精密仪器等 | 电子产品；易挥发的、不稳定、低沸点的化合物等 |

🔔 岗前培训三：智慧冷链物流的特点

（1）智能化。利用智能监控系统对冷链储存、运输过程进行监控与管理，包括温湿度传感器、RFID、GPS（Global Positioning System，全球定位系统）及软件管理系统。

（2）平台化。以大数据技术、物联网技术、IT 技术为依托，融合物流金融、保险等增值服务，构建"互联网+冷链物流"的冷链资源交易平台。为客户提供从产地收储、分级、质检，到生产加工、过程管理、耗损管理、冷链运输、配送及分销的一站式供应链服务，助力生鲜农产品打造完善的供应链网络。

（3）专业化。实现冷链物流全过程生产、存储和运输过程更加智能化、可控化、精准化。

（4）资源共享化。通过建立冷链物流资源交换共享机制，构建集信息发布、在线交易、车辆跟踪、货物查询、产业动态分析等功能于一体的区域性的第三方冷链物流资源交易运营平台。

🔔 岗前培训四：智慧冷链物流的企业类型

我国冷链物流企业类型众多，庞大的市场驱动各企业纷纷探索更高效的冷链物流体系，智慧冷链物流企业类型如图 4-1 所示。

**运输型** ❄
主要从事货品低温运输业务，部分企业由企业物流发展而来，包括干线运输、区域配送、城市配送
**代表企业：领鲜物流**

**配送型** ❄
主要从事城市仓储与配送一体业务，包括冷链配送业务、冷链零担业务
**代表企业：荣庆物流**

**综合型** ❄
主要从事低温仓储、干线运输及城市配送等综合业务，涉及仓储、运输和配送等多个环节
**代表企业：京东物流**

**供应链型** ❄
围绕核心企业，连通供应商、制造商、物流商和分销商的功能网链结构
**代表企业：鲜易供应链**

**电商型** ❄
与生鲜电商配套的冷链物流，多为生鲜电商企业自主建设的冷链平台
**代表企业：顺丰冷运、菜鸟冷链**

**平台型** ❄
依托大数据、物联网，融合金融、保险等增值服务，构建"互联网+冷链物流"的冷链资源交易平台
**代表企业：成都运荔枝**

图 4-1　智慧冷链物流企业类型

🔔 岗前培训五：智慧冷链物流的基本运作模式

智慧冷链物流的基本运作模式主要包括自营冷链物流模式、基于第三方物流企业的冷链物流模式、与第三方企业联盟模式、供应链物流联盟模式，如表 4-2 所示。

表 4-2　智慧冷链物流的基本运作模式

| 序号 | 运作模式 | 特征 | 代表企业 |
|---|---|---|---|
| 1 | 自营冷链物流模式 | 企业投资购置冷链设施，使用自己的设施和工具来完成冷链物流，往往以生产企业为主导 | 上海光明领鲜物流有限公司、漯河双汇物流投资有限公司 |
| 2 | 基于第三方物流企业的冷链物流模式 | 生产经营企业为集中精力做好主业，把原来属于自己处理的物流活动以合同方式委托给专业物流服务企业 | 京东物流股份有限公司、荣庆物流供应链有限公司 |
| 3 | 与第三方企业联盟模式 | 制造企业与第三方物流企业结成联盟，以合作协议的形式共同完成制造企业的物流活动 | 夏晖物流（上海）有限公司、大昌行物流有限公司 |
| 4 | 供应链物流联盟模式 | 以制造企业为核心，与供应链上的一个或多个伙伴企业结成物流合作联盟。基于共同的目标，通过一定的制度安排而组成集成化供应链管理体系 | 江苏卫岗集团有限公司、优合集团有限公司 |

🔔 **岗前培训六：智慧冷链物流的主要服务模式**

智慧冷链物流借助互联网、物联网和区块链等技术实时监控流通各环节，打通生产商、供应商、销售商、消费者之间的信息壁垒，最大化冷链物流资源利用率，并实现食品质量与安全可追溯、可监控，以订单信息与位置可跟踪，智慧冷链物流的主要服务模式如图 4-2 所示。

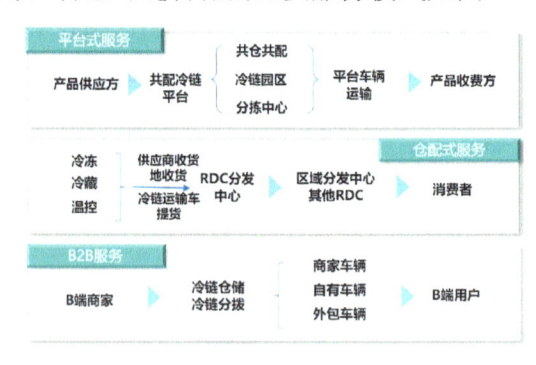

图 4-2　智慧冷链物流的主要服务模式[①]

🔔 **岗前培训七：智慧冷链物流的业务流程**

智慧冷链物流的业务流程，如图 4-3 所示。

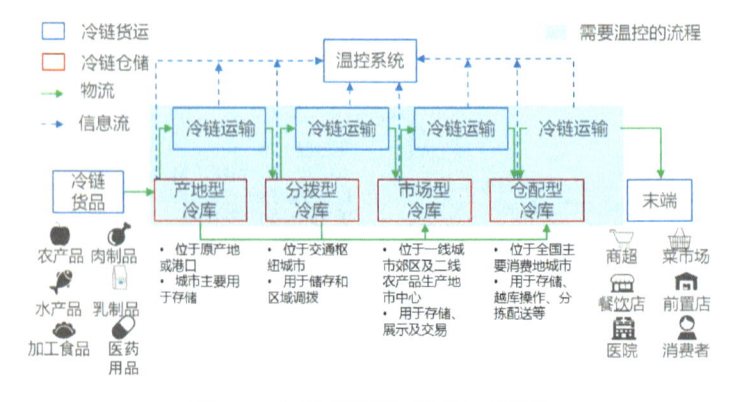

图 4-3　智慧冷链物流的业务流程[②]

---

①，②资料来源：物联云仓数字研究院《冷链物流数字化应用专题研究》

## 扫一扫

国务院办公厅关于印发"十四五"冷链物流发展规划的通知

## 任务执行

**步骤一：阅读案例**

### A 公司冷链物流智慧升级

#### 一、企业概述

A 公司创立于 2019 年 5 月，致力于成为"中国领先的冷链食品流通服务商"。目前，A 公司属于冷链零担下沉市场行业领先者，依托国内领先的软硬件技术，为客户提供高效、协同的一站式冷链服务方案。

截至 2023 年 2 月，该公司在全国已经有 25 个分支机构、14 个省级中心仓，仓储面积为 25 万平方米，干支线网络 1870 条，辐射全国 20 多个省、243 个地级市、1749 个县。通过自主研发的 SAAS 系统，该公司已连接上游工厂 700 余家、下游终端门店 10 万余家，并先后荣获"中国冷链百强企业""高新技术企业""专精特新企业""全国冷链运营创新企业""四星级冷链物流企业""河南省冷冻食材数字化供应链示范平台""2022 年度餐饮冷链物流企业 TOP10""河南首批物流'豫军'企业名单"等国家和行业荣誉，并参与国家城乡高效配送服务标准的制定。目前，该公司供应链已形成五大服务化产品（冷链仓配、冷链到店、冷链零担、冻品销售、供应链金融）和"一网两平台"的发展模式。

该公司每年投入 3000 多万元自主研发的云仓科技平台，将货主、车主实现高效匹配，对报货 App、WMS、OMS（订单管理系统）、TMS、ERP（Enterprise Resource Planning，企业资源计划）、POS，以及上下游客户端等八大类 18 项子系统进行高度融合，全面打通从生产端到消费端的各类数据流程，提高了物控的准确率及配送效率，已实现客户一键下单、一键支付、一键查询、一键收货等功能。

#### 二、创新之路

通过对市场和客户进行走访调研，A 公司供应链敏锐地捕捉到现阶段我国多数冷链企业主打干线运输和城市配送，而冷链零担下沉市场存在下沉市场基础设施不完善、冷链断链失温、冷链信息化程度低等问题，难以满足客户需求。

A 公司供应链聚焦于"冷链零担下沉市场基础设施建设"，进行前瞻性探索模式创新，从以下 4 个方面破解冷链城乡失衡难题。

（1）物流、商流融合创新，打造高效配送网络。

A公司在每个城市的商流建立起自己的城市配送网络，以商流拉动物流的发展。冻品批App将上游工厂的产品或者冻品批发市场搬到了每个城市，打破了物理空间，线上B端通过冻品批App可用经销商的价格购买到品牌商的产品。在线下，该公司依托冻品批的仓库作为城市转运中心，建立了自己的高效配送网络。

（2）整合冻品经销商，解决冷链物流"最后一公里"。

A公司供应链在运营过程中发现每个城市和每个乡镇都有很多三全、思念、蒙牛、伊利、双汇的经销商，且他们均有自己的冷链车，冷链车60%的时间处于闲置状态。该公司供应链与这些经销商达成合作关系，并签订承运商加盟合同，司机经过培训后方可上岗，按照配送要求做好冷链"最后一公里"的履约。这样不但不影响经销商的正常生意，而且每月能够将经销商的车辆闲置的时间利用起来，增加车辆利用率，增加经销商的收入。

（3）专注下沉网络建设，破解城乡失衡矛盾。

与大多数主打干线运输和城市配送的冷链企业不同，该公司供应链始终聚焦于"冷链零担下沉市场基础设施建设"，进行前瞻性探索模式创新，破解城乡失衡难题。把商流融入冷链物流中，借助"中心仓—城市仓—前置仓"的三级网络，完善冷藏车和冷链设施设备共享共用机制，该公司供应链建立了设施集约、运输高效、服务优质、安全可靠、城市和乡村双向融合的一体化冷链物流网络。

（4）数字化驱动物流供应链效率提升。

自该公司供应链成立之初，该公司就加大科技投入，每年投入3000多万元进行系统自研，初步建立起从生产端到销售端的各类系统，涵盖了采购、生产加工、流通加工、仓储物流、销售、报货、防疫消杀、银行清分、订单管理、客户查询等18套系统，全面打通从生产端到销售端的各类数据，实时监控货物的流转动态和储存数量。通过信息化、制度化、流程化的管控，从报货、销售、订单、收货、上架、下架、分拣到复核、装车、运输、接收等整个链条可以监控每件货物的流转动态，使配送准确率控制在99.9%，货损货差控制在0.02%，温度达标率为98%，客户投诉率为2%，整体处于行业的中上等水平。

一方面，该公司供应链能快速、高效地将冻品食材配送至乡镇终端门店，解决冷链配送的"最后一公里"难题；同时借助返程车辆提高农产品出村进城的效率，将新鲜农产品或者工厂的产品带到中心仓再分发到全国，解决"最先一公里"难题。该公司供应链冷链零担下沉市场运营创新应用项目，在运营方面，人均劳动效率提高约11%，托盘使用率提高约10%，物流成本降低约5%，同时也助力企业客户综合成本降低约8%，销售效率和冷链物流效率提高20%以上。

未来，该公司供应链将持续聚焦县、乡冷链零担下沉市场，深化城乡冷链配送网络协同发展，共享共用末端设施网点和配送冷藏车，提高网络资源利用率，为合作伙伴提供更加高效、可靠的一站式冷链物流服务，让冷链下沉更高效，让冻品生意更好做。

（案例来源：本案例选自A公司官方网站）

### 步骤二：以任务组为单位，对案例进行分析

请以任务组为单位，分析如下问题。

（1）案例中，A公司的数字化升级为公司带来了哪些效益？

(2)该案例给你带来了什么启示？

步骤三：各任务组派一名代表上台分享

各任务组派一名代表上台分享案例分析结果。

### 任务评价

在完成上述任务后，教师组织进行三方评价，并对学生的任务执行情况进行点评。学生填写任务评价表（见表4-3）。

表4-3 任务评价表

| 任 务 | | 评 价 得 分 | | | | |
|---|---|---|---|---|---|---|
| 任务组 | | 成员 | | | | |
| 评价标准 | 评价任务 | 分值（分） | 自我评价（20%） | 他组评价（30%） | 教师评价（50%） | 合计（100%） |
| | 按要求对案例进行分析 | 60 | | | | |
| | 分析时语言表达流畅 | 40 | | | | |
| | 合计 | 100 | | | | |

## 任务二 认识智慧电商物流

### 思政活动

近年来，在电子商务快速发展的推动下，我国仓储行业快速发展，智能机器人逐渐成为大型仓储物流中心必不可少的关键组成部分。在工业品、服饰、医药、汽车等行业中，"品类多、人员少""差错多、体验差""产能大、空间小"等仓储拣选问题日益凸显。京东物流全力打造的第三代天狼系统，可以更好地解决这些问题。

天狼系统是京东自主研发的密集存储系统，它由多种自动化设备、软件系统组合而成，其行走速度和加速度都达到国内领先水平。天狼系统可实现拣货准确率99.99%；同时，穿梭车采用超薄车身，减少占用空间；提升机超高立柱可达20米，单位面积存储密度提升3倍以上。天狼系统有效解决了目前仓储物流业存储能力不足、出入库效率不高等痛点，并缓解了仓储占地及人力问题。物流技术与装备的创新与升级，将驱动电商产业持续提质增效。请谈一谈智慧电商物流在推动电子商务转型升级过程中所发挥的作用。

### 任务描述

阅读案例《日日顺：行业首个"黑灯"大件智能无人仓》，并应用所学知识对该案例进行分析。

智慧物流与供应链基础

## 岗前培训

### 岗前培训一：智慧电商物流的定义

智慧电商物流指的是利用信息技术和物流技术来提高物流运输、分销、物流金融等业务的效率和物流服务质量的价值服务。智慧电商物流是一种智能物流管理体系，它把信息系统与物流管理连接起来，以实现全方位信息收集、信息分析和决策，从而提高物流服务质量，降低成本。

### 岗前培训二：智慧电商物流的模式

智慧电商物流的模式主要包括自营物流、物流联盟、第三方物流、第四方物流，如表4-4所示。

表4-4 智慧电商物流模式

| 序 号 | 类 型 | 定 义 | 特 征 |
|---|---|---|---|
| 1 | 自营物流 | 企业自身经营的物流 | 电子商务企业自行组建物流配送系统，经营管理企业的整个物流运作过程 |
| 2 | 物流联盟 | 物流联盟是制造业、销售企业、物流企业基于正式的相互协议而建立的一种物流合作关系 | 企业间形成了相互信任、共担风险、共享收益的物流伙伴关系 |
| 3 | 第三方物流 | 独立于买卖之外的专业化物流公司，长期以合同或契约的形式承接供应链上相邻组织委托的部分或全部物流功能 | 企业可以专注于核心业务，将物流业务外包给第三方，从而降低物流成本，提高经济效益 |
| 4 | 第四方物流 | 一个调配和管理组织自身的具有互补性服务提供商的资源、能力与技术，并提供全面的供应链解决方案的供应链集成商 | 提供物流规划、咨询、物流信息系统、供应链管理等活动 |

### 岗前培训三：智慧电商物流的作业系统

智慧电商物流的作业系统是在实现电子商务特定过程的时间和空间范围内，由所需位移的商品、包装设备、装卸搬运机械、运输工具、仓储设施、人员和通信设施等若干相互制约的动态要素构成的具有特定功能的有机整体。

一般来说，智慧电商物流的作业系统主要包括订货管理、库存管理、采购管理、进货管理、仓储管理、出货管理、配送管理等作业环节，如图4-4所示。

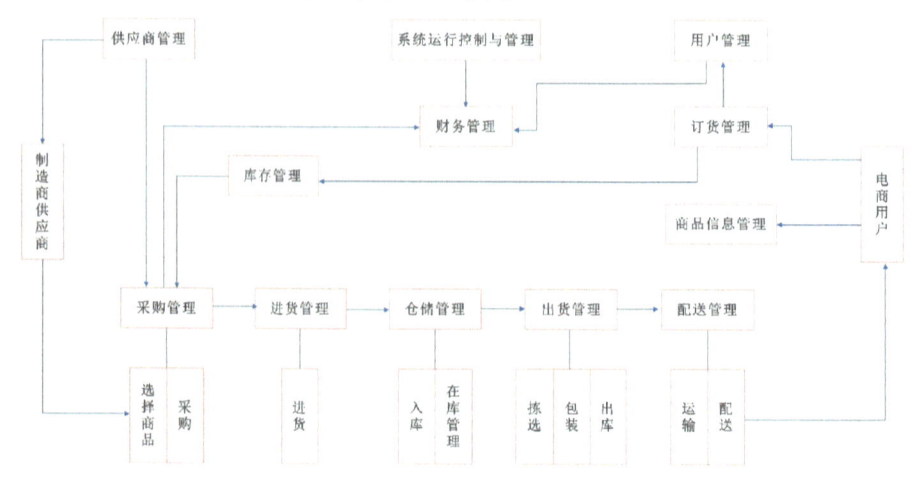

图4-4 智慧电商物流的作业系统

## 项目四 认识常见的智慧物流

🔔 **岗前培训四：智慧电商物流的基本业务流程**

智慧电商物流的基本业务流程，如图4-5所示。

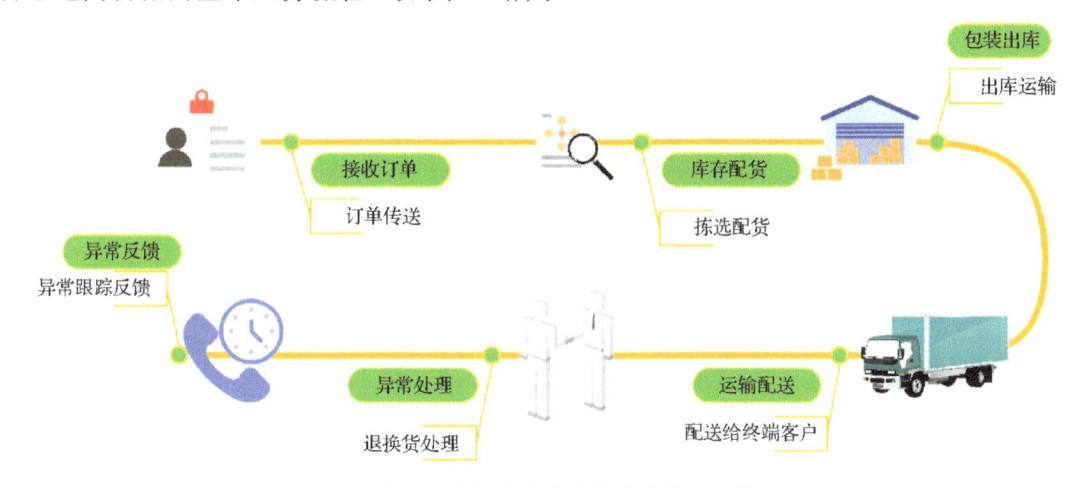

图4-5 智慧电商物流的基本业务流程

（1）信息员接收到客户网上下单信息后，制作销售订单，并将相关信息发送给库存配货组、发货包装组和客服人员。

（2）库存配货组进行配货，并将配货产品交至发货包装组。

（3）发货包装组扫码包装后将货物交给物流公司进行配送。

（4）物流公司将货物送至客户手中，客户签收。

（5）若物流公司发现货物异常或客户想退换货，则将货物退回发货包装组或库存配货组。

（6）客服人员负责处理客户的疑问，反馈退换货信息，跟踪客户是否收到货物，接收客户的建议、投诉及退换货信息。

🔔 **岗前培训五：智慧电商物流的信息系统**

智慧电商物流的信息系统是一个由人、计算实际网络等组成的能够在电子商务环境下进行物流相关信息的收集、传送、储存、加工、维护和使用的系统。智慧电商物流的信息系统，如图4-6所示。

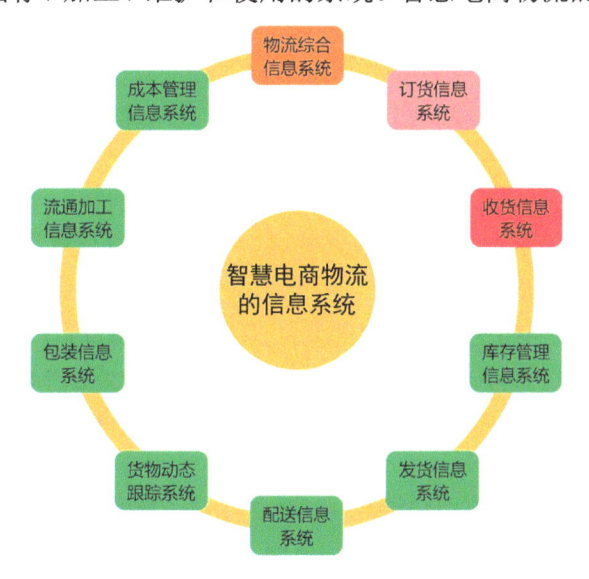

图4-6 智慧电商物流的信息系统

## 岗前培训六：智慧电商物流的主要技术

智慧电商物流的主要技术，如表 4-5 所示。

表 4-5 智慧电商物流的主要技术

| 序号 | 类型 | 特征 |
| --- | --- | --- |
| 1 | 条形码技术 | 输入快、准确度高、成本低、可靠性强，利用条形码技术实现自动化分拣 |
| 2 | 无线射频识别技术 | 简称 RFID，信息储存量大、抗污染能力强、安全性高、扫描效率高、可重复使用 |
| 3 | 电子订货系统 | 简称 EOS，缩短交货期，减少缺货，降低库存 |
| 4 | 仓储管理系统 | 简称 WMS，能对信息、资源、行为、存货和分销运作进行管理，满足有效产出和准确性要求 |
| 5 | 全球导航卫星系统 | 简称 GNSS，可以实现实时定位、导航，帮助驾驶员确定有效的行车路线 |

## 岗前培训七：智慧电商物流的主要装备

智慧电商物流的主要装备，如表 4-6 所示。

表 4-6 智慧电商物流的主要装备

| 序号 | 类型 | 特征 |
| --- | --- | --- |
| 1 | 穿梭机器人 | 智能四向穿梭机器人利用四向行驶能力和潜入货架底部的通行方式，在同层实现接近 AGV 场地的灵活调度 |
| 2 | 仓储机器人 | 实现灵活搬运，代替人工搬运，提高作业效率和安全性 |
| 3 | 堆垛机 | 作业过程无须人工干预，自动化程度高，可实现远程控制，便于管理 |
| 4 | 拣选机器人 | 分拣效率高，系统安全稳定 |
| 5 | 机械手 | 可利用图像识别系统分辨物品形状，用机械手抓取物品，然后放到指定位置，实现货物的快速分拣 |
| 6 | 三向叉车 | 三向叉车 AGV 与货架、调度软件组成一个智能的物流仓储系统 |

## 任务执行

### 步骤一：阅读案例

### 日日顺：行业首个"黑灯"大件智能无人仓

#### 一、公司简介

青岛日日顺物流有限公司（以下简称日日顺物流），成立于山东青岛，是国家 5A 级物流企业和 3A 信用企业，企业的发展先后历经了企业物流、物流企业、生态企业 3 个阶段，依托先进的管理理念和物流技术，整合全球一流网络资源，搭建起开放的科技化、数字化、场景化物联网场景物流生态平台。目前，日日顺物流通过"科技化"基础物流能力、"数字化" SCM（Supply Chain Management，供应链管理）定制方案、"场景化"社群服务平台三大差异化竞争力，成为居家大件物流领域的引领者。

日日顺物流依托先进的管理理念和物流技术，整合全球一流网络资源，以居家大件物流网络及供应链全链路数字化管理为核心，夯实全流程、全渠道、全网定制 SCM 方案能力，为家电、健身、出行、家居、3C、快消品等行业及国际运输提供定制化解决方案。

日日顺物流从用户最佳服务体验出发，针对行业内存在的问题和痛点，对物流全流程"仓、干、配、装、揽、鉴、修、访"创新，制定全品类、全渠道、全流程、一体化的居家大件物流解决方案，为用户提供最佳服务体验。

## 二、智能无人仓基本介绍

日日顺物流依托先进的管理理念和物流技术，以数字化为驱动力，在大件物流智能化上先行先试，获得众多荣誉，例如，日日顺物流曾入选十大"国家智能化仓储物流示范基地"，牵头承担中华人民共和国科技部国家重点研发计划——智慧物流管理与智能服务关键技术项目等。目前，日日顺物流已先后在山东青岛、浙江杭州、广东佛山、山东胶州等地建立了许多不同类型的智能仓，此次大件物流首个智能无人仓的启用再次凸显了日日顺物流在行业的影响力。

位于即墨物流园的智能无人仓，其定位是连接产业端到用户端的全流程、全场景区域配送中心，是日日顺物流基于新基建背景在科技化、数字化、场景化方面深度探索的成果，通过5G、人工智能技术及智能装备的集中应用，打通前端用户和后端工厂的全流程、全场景，为用户提供定制化的场景物流服务解决方案。智能无人仓所处理的SKU数量超过1万个，覆盖海尔、海信、小米、格力等大部分家电品牌，实现全品类大家电的存储、拣选、发货无人化。

智能无人仓主要分为四大作业区域，分别为入库扫描区、自动化立体存储区、拆零拣选区、备货（发货暂存）区。其中，自动化立体存储区位于整个建筑的左后侧，采用堆垛机实现智能存储，仓库面积为1万平方米，货架高22米，配备16台高速堆垛机，总存储货位（托盘位）13 800个，可以存放超过14万台大家电产品。

入库扫描区和拆零拣选区位于自动化立体存储区外侧，即整个建筑的左前侧。其中，入库扫描区位于一楼，共有5条入库输送线，其中4条伸缩皮带机用于普通大家电产品的入库作业，一条为智能电视机产品专用入库输送线。同时，配备全景智能扫描站（DWS）、码垛关节机器人等智能装备。

拆零拣选区位于二楼，进一步划分为夹抱分拣区、吸盘分拣区、电视机分拣区三大作业区域。其中，夹抱分拣区配备两组夹抱龙门拣选机器人，主要针对冰箱等大型或较重的家电产品（100千克以内）；吸盘分拣区配备两组吸盘龙门拣选机器人，主要针对中小型家电产品（80千克以内）；电视机分拣区采用定制化解决方案，配备专用的吸盘龙门拣选机器人及专用托盘。与龙门拣选机器人配合的还有载重量为1吨的重型AGV。

备货区位于建筑的右侧，地面设有500个托盘存储位，可以满足40辆车的发货需求。目前，备货区上部空间将根据业务发展所需进行扩展，备货区的主要作业设备是AGV。

智能无人仓主要服务于C端消费者，主要作业包括入库上架、拆零拣选、备货出库。

（1）入库上架：精准高效的全景扫描+机器人码垛。

一般来说，商家根据销售预测完成备货计划，提前送货入库。在货车到达月台后，家电产品被人工卸至可以延伸到货车车厢的入库伸缩皮带机上（电视机产品卸至专用入库通道），产品随即经过全景智能扫描站（两条伸缩皮带机共用一套DWS系统），DWS系统快速、准确地获取产品的重量、长、宽、高等信息，并根据这些信息将货物分配到相应的关节机器人工作站，关节机器人根据这些信息进行垛型计算并码垛。

关节机器人具备混合码垛功能，但为了进一步提高效率，DWS系统目前主要将同类型产品送至码垛站，当出现不同类型产品时，DWS系统会安排其在环形输送线上进行缓存等待，产品在DWS系统内匹配完成后，再一起送至关节机器人进行码垛。码垛完毕后自动贴标并扫描，随后整托盘经输送线进入自动化立体仓库存储。自动立体库堆垛机利用激光导航和条形码导航完成托盘上下架作

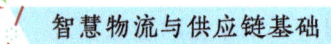

业，精准选择货物装卸；并通过大数据对订单和库存进行预测，根据预测结果对库区进行冷热区的精细化调整，实现密集存储的同时最大限度地挖掘空间存储能力。

（2）拆零拣选：龙门拣选机器人首次应用。

在消费者下单后，前端销售系统会将订单信息发送至智能无人仓WMS，智能无人仓根据订单信息和消费者预约的时间进行拣选出库及配送。在WMS下达出库任务后，堆垛机从指定存储位置将托盘下架，托盘经输送线被输送至二楼拣选区的不同分拣区域（如冰箱等大型家电产品将被送至夹抱分拣区；空调等中小型产品则被送至吸盘分拣区；电视机产品被送至专门的分拣区域），由扫描系统进行扫描复核，确认所需拣选产品正确后，龙门拣选机器人自动将带有收货地址等消费者信息的条形码粘贴在产品上，并将货物移至托盘。

拆零拣选历来是仓库的重点作业环节，此次引入的龙门拣选机器人成为智能无人仓的亮点。龙门拣选机器人根据物流订单，运用机器视觉可以快速找到目标货物，并通过夹抱或吸取的方式将货物精准投放到对应的托盘上，作业不超过20秒，距离误差不超过5毫米。

（3）备货出库：AGV全程助力。

在龙门拣选机器人拣选完毕后，信息反馈至系统，系统调度AGV前来搬运。二楼分拣区AGV将托盘上的货物送至智能提升梯，由智能提升梯将货物运至一楼备货区。此时二楼分拣区AGV任务完成，开始等待新的系统指令。托盘上的货物自智能提升梯运出后，经扫描确认后信息传回系统，系统调度一楼备货区AGV将托盘上的货物送至指定暂存货位。AGV采用激光导引技术，通过空间建模进行场地内空间定位，并在所有路线中快速选择最优路径作业，以及自动避障和路径优化更改。在货车到达后，系统调度AGV按照"先卸后装"的原则，将托盘上的货物运至出库月台，最后装车发运。

即墨智能无人仓项目在行业内率先将全景智能扫描站、关节机器人、龙门拣选机器人等多项智能设备集中应用，并通过视觉识别、智能控制算法等人工智能技术充分展示了日日顺物流大件仓储的能力。

即墨智能无人仓项目，是日日顺物流基于新基建背景在科技化、数字化、场景化方面深度探索的成果。日日顺物流依托先进的管理理念和物流技术，整合全球一流网络资源，将不断加强"科技化"基础物流能力、"数字化"SCM定制方案、"场景化"社群服务平台三大差异化竞争力，进一步引领居家大件物流领域的发展。

（案例来源：本案例选自中国物流与采购联合会）

**步骤二：请以任务组为单位，对案例进行分析**

（1）案例中，即墨智能无人仓应用了哪些技术和设备？
（2）该案例给你带来了什么启示？

**步骤三：各任务组派一名代表上台分享**

各任务组派一名代表上台分享案例分析结果。

### 任务评价

在完成上述任务后，教师组织进行三方评价，并对学生的任务执行情况进行点评。学生填写任务评价表（见表4-7）。

表4-7 任务评价表

| 任务 | | | 评价得分 | | | |
|---|---|---|---|---|---|---|
| 任务组 | | 成员 | | | | |
| 评价标准 | 评价任务 | 分值（分） | 自我评价（20%） | 他组评价（30%） | 教师评价（50%） | 合计（100%） |
| | 收集信息全面 | 30 | | | | |
| | SWOT分析详细 | 50 | | | | |
| | 语言表达流畅 | 20 | | | | |
| | 合计 | 100 | | | | |

## 任务三　认识智慧社区物流

### 思政活动

2022年《"十四五"城乡社区服务体系建设规划》（以下简称《规划》）出台。

《规划》提出："到2025年末，党建引领社区服务体系建设更加完善，服务主体和服务业态更加丰富，线上线下服务机制更加融合，精准化、精细化、智能化水平持续提升，社区吸纳就业能力不断增强，基本公共服务均等化水平明显提升，人民群众操心事、烦心事、揪心事更好解决，获得感、幸福感、安全感不断增强。"

《规划》还明确了农村社区综合服务设施覆盖率2025年目标值为80%、每百户居民拥有社区综合服务设施面积2025年目标值≥30平方米等指标。

其中，《规划》提出："大力发展社区电子商务，探索推动无人物流配送进社区。""建设智能快件箱（信包箱）和邮政快递末端综合服务站等配套设施。"请结合所学内容思考：无人物流配送进社区需要哪些技术和设备？

### 任务描述

（1）请以任务组为单位，通过上网或查阅图书等方式查找5家国内具有典型代表意义的头部无人配送企业的信息。

（2）每组将收集的资料制作成汇报课件，并推荐一位代表进行分享汇报。

### 岗前培训

近几年，随着互联网、电子商务、多样化支付手段的兴起，很大程度上满足了快节奏生活下社区居民对商品的即时性、便利性需求，而社区物流作为解决商品从上游供应端直接交付到末端社区服务商和社区居民的城市末端物流服务形式也在不断发展和完善。

## 岗前培训一：智慧社区物流的定义

社区物流是以社区为单元，以家庭为节点，以生活用品为核心，以定制服务为特征的物流集约化行为。社区物流是直接面向城市社区商业和社区居民，将商品从供应商运送到社区店铺或居民家中的末端物流形式，是物流中"真正的最后100米"。如家具家电的采购、运送、回收，食品、蔬菜、肉制品、水果的采购、加工、配送，图书、期刊等文化用品的订阅、配送、回收等，都属于社区物流的范畴。

随着智能取物柜、自动驾驶等技术的发展，以无接触配送为主的智慧社区物流成为新的发展趋势。智慧社区物流基于物流互联网和物流大数据，通过协同共享创新模式和人工智能先进技术，进一步优化智能末端配送体系。

## 岗前培训二：智慧社区物流的服务模式

目前，智慧社区物流的服务模式主要包括送货入户模式、第三方代收服务模式、无人配送模式、众包服务模式、共同配送模式，如表 4-8 所示。

表 4-8 智慧社区物流的服务模式

| 序号 | 类型 | 流程 | 特征 |
| --- | --- | --- | --- |
| 1 | 送货入户模式 | 消费者在网络上购买所需商品并选择送货方式后，先由商家处理消费者的订单，再由确定的物流配送企业安排配送人员进行送货，此时配送人员需要与消费者约定送货时间和地点，双方准时到达指定地点 | 配送精确度高，安全稳定，但存在诸多弊端 |
| 2 | 第三方代收服务模式 | 提供不同配送服务的快递员只需要将快递送到与快递企业有合作的第三方代收点即可，再由第三方代收点进行分发 | 缓解快递员和收件人之间的时间冲突问题，为收件人节省了大量时间和精力，但经常出现丢件、服务质量不好等情况 |
| 3 | 无人配送模式 | 用机器替代人工或者人机协作的配送方式完成社区配送 | 智能自提柜可供收件人随时取件，极大地方便了收件人，既节省了快递员等待收件人取件的时间，同时又实现了集中投递，可以实现配送效率最大化 |
| 4 | 众包服务模式 | 寄件人向平台发送需求信息后，再由快递员在平台上抢单，抢到单后与寄件人联系并确认地点，然后上门取件，依据平台信息送到收件人手中 | 借助大数据平台为用户安排最优线路，可以迅速地将商品送到收件人手中，降低了配送成本，但存在服务质量不好等情况 |
| 5 | 共同配送模式 | 多个不同顾客联合起来共同由一个第三方配送物流公司负责提供不同配送物流服务的一种物流商业模式 | 共同配送可以最大限度地提高各类资源的使用效率，降低成本，提升服务质量，同时可以缓解交通拥堵的压力，保护环境，实现社会效益，但实施难度大 |

## 岗前培训三：智慧社区物流的应用场景

社区无人配送是指配送至社区、园区的区域范围内，以智能化的设备向最终客户交付物品的过程。无人配送系统的应用场景众多，包括快递、外卖、B2C 零售、商超便利、生鲜宅配、餐馆配送、C2C 配送需求等，如图 4-7 所示。

项目四 认识常见的智慧物流

图 4-7 无人配送系统的应用场景

🔔 **岗前培训四：智慧社区物流的主要设备及技术**

1. 室外无人配送车

室外无人配送解决方案由无人配送车、车辆运营监控平台、配送订单平台化服务、车辆量产质检工具等产品组成，以高级别自动驾驶能力为核心基础，包含自动驾驶算法及在线架构、自动驾驶高精度地图、自动驾驶仿真云平台、自动驾驶传感器套件及车辆、自动驾驶主动安全算法和硬件等。

2. 室内无人配送机器人

目前，室内无人配送机器人主要应用于酒店、商场等公共场所，也有部分无人配送机器人开始进入写字楼。室内、室外的配送设备本质上是同一套技术框架，都是通过传感器感知环境、定位导航，做到避让和自主行驶。

3. 无人驿站

无人驿站的主体为自动化立体仓库，驿站本身占地面积小、容量大，可以满足整个社区用户快递临时存储的需求。同时，无人驿站有可供室外无人配送车停放、充电的车库及可以将快递自动放入或取出室外无人配送车的装置。用户可自行到驿站取货，也可随时预约无人配送车送货上门。

4. 定位技术

目前，定位技术主要包括卫星定位、惯性导航定位、激光点云匹配定位和视觉匹配定位等。室内柔性化的定位和导航主要通过同步定位与地图构建技术来实现。

5. 感知技术

感知系统以激光雷达和相机为主要传感器，辅以高精度地图、高精度定位等信息，实现车身360度全方位场景理解与目标检测跟踪。

🔔 **岗前培训五：智慧社区物流的运营系统**

无人配送是5G、人工智能、大数据、物联网等领域的新技术，是城市生活服务中的重要应用。稳定的网络通信基建为无人系统自主控制、海量数据传输提供了网络运营环境；人工智能为无人系统自主感知、自动驾驶、生物识别提供了感知与决策的技术保障；物联网、EDC（Enterprise Date Center，企业大数据中心）的建设与应用是无人配送在智能物流发展过程中落地的保障。智慧社区物流配送系统架构，如图4-8所示。

65

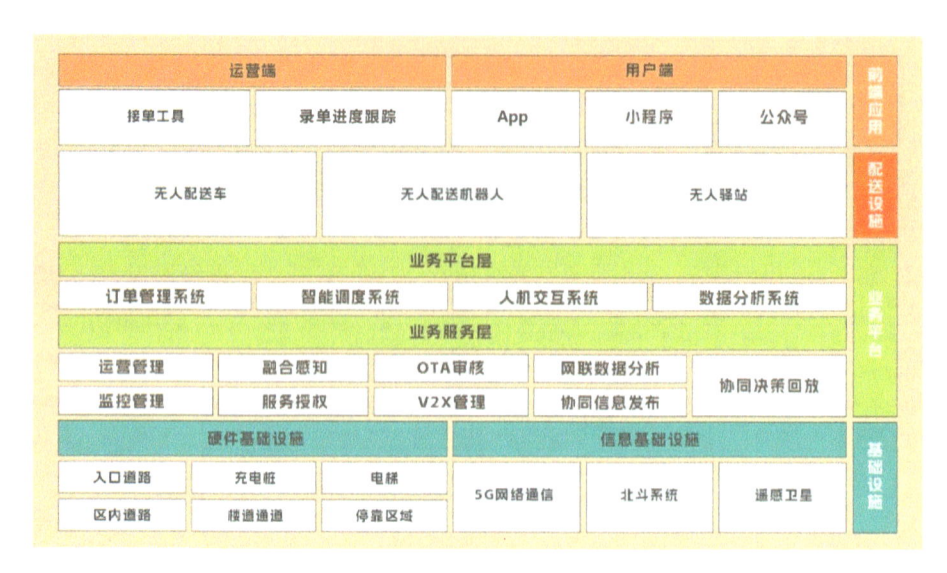

图 4-8 智慧社区物流配送系统架构

## 扫一扫

九部门印发《关于深入推进智慧社区建设的意见》的通知

## 任务执行

步骤一：查找 5 家国内无人配送企业的相关信息

请以任务组为单位，查找 5 家国内具有典型代表意义的头部无人配送企业的信息，并填写表 4-9。

表 4-9　5 家国内无人配送企业的相关信息

| 序　号 | 企　业 | 代 表 技 术 | 试运营城市 | 具 体 场 景 |
|---|---|---|---|---|
| 1 | | | | |
| 2 | | | | |
| 3 | | | | |
| 4 | | | | |
| 5 | | | | |

步骤二：各任务组推荐一名代表上台分享

各任务组制作汇报课件，并选派一名代表上台分享。

## 任务评价

在完成上述任务后，教师组织进行三方评价，并对学生的任务执行情况进行点评。学生填写任务评价表（见表 4-10）。

表 4-10　任务评价表

| 任　　务 | 评　价　得　分 ||||
|---|---|---|---|---|
| 任务组 |  | 成员 ||||
| 评价标准 | 评价任务 | 分值（分） | 自我评价（20%） | 他组评价（30%） | 教师评价（50%） | 合计（100%） |
| ^ | 查找 5 家国内无人配送企业的相关信息并填表 | 60 | | | | |
| ^ | 制作汇报课件并进行分享汇报 | 40 | | | | |
| ^ | 合计 | 100 | | | | |

## 任务四　认识智慧国际物流

### 思政活动

自共建"一带一路"倡议提出以来，朋友圈越来越大，合作质量越来越高，发展前景越来越好，共建"一带一路"搭建的合作平台已成为当今世界范围最广、规模最大的国际合作平台之一。

中欧班列稳定运行。截至 2022 年 8 月底，中欧班列累计开行近 6 万列，货值累计近 3000 亿美元，共铺画了 82 条运输线路，通达欧洲 24 个国家 200 个城市，"丝路海运"航线持续织密。截至 2022 年 9 月上旬，"丝路海运"命名航线已达 94 条，通达 31 个国家的 108 座港口，累计开行超 9000 艘次，完成集装箱吞吐量 1000 多万标箱，"丝路海运"联盟成员单位超过 250 家。"一带一路"倡议助推全球物流业发展。

请思考：中欧班列的开通运行有哪些意义？

### 任务描述

阅读案例《为全球智慧港口建设运营提供"中国方案"——走进"洋山四期'科技芯港'创新团队"》，并应用所学知识分析该案例。

### 岗前培训

#### 岗前培训一：智慧国际物流的定义

国际物流是指跨越不同国家（地区）之间的物流活动。广义的国际物流包含国际贸易物流、非国际贸易物流、国际物流合作、国际物流投资和国际物流交流。狭义的国际物流则是指贸易性的国际物流。智慧国际物流可以理解为以物联网技术为基础，综合运用大数据、云计算、区块链及相关信息技术，通过全面感知、识别、跟踪物流作业状态，实现货物在国际的流动，以促进全球经济资源的优化配置。

### 🔔 岗前培训二：智慧国际物流的主要业务活动

（1）进出口业务。进出口业务是指与国外当事人通过缔结契约进行买卖商品，包括劳务、技术等的一系列具体业务。进出口业务的参与方包括发货人、国际货运代理、承运人、报关行、收货人等。

（2）国际运输业务。国际运输业务就其运送对象来说，分为货物运输和旅客运输。国际货物运输是指在国家与国家、国家与地区之间的运输。国际货物运输的方式主要包括海洋运输、铁路运输、航空运输、邮政运输、公路运输、管道运输及国际多式联运。

（3）国际仓储业务。仓储既是国际物流中不可缺少的一个环节，也是国际物流中一个较大的成本项。仓储业务对加速商品周转、加快流通起保障作用。

（4）包装与搬运业务。包装对于运输起到了至关重要的作用，特别是在国际货物运输中，运输距离远，周期长，需要使用多种交通工具，多次装卸、搬运，经过许多中间环节，如转船、改变运输方式等。包装良好的货物，不仅可以避免运输过程中因车辆、轮船等交通工具的震动和颠簸造成的损害，还能方便货物的存储、装卸和搬运，同时有效避免货物在搬运或装卸时因没有固定牢固而造成的安全事故。

（5）信息管理业务。国际物流中的信息管理业务主要包括物流过程中各种单据传输的电子化、对在途货物的跟踪定位及市场信息的跨国传递。

### 🔔 岗前培训三：智慧国际物流的业务流程

智慧国际物流的业务流程包括发货、国内运输、出口国报关、国际运输、进口国报关、送货等环节，如图4-9所示。

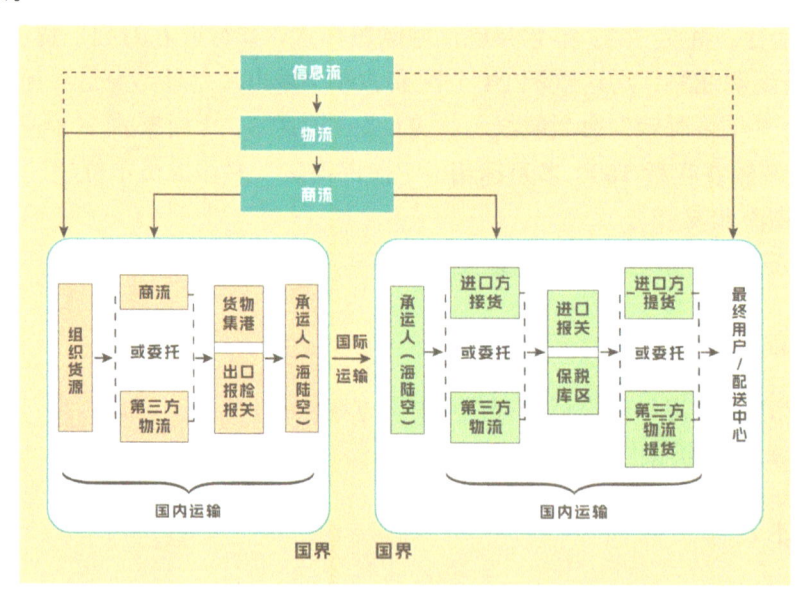

图4-9　智慧国际物流的业务流程

### 🔔 岗前培训四：智慧国际物流的主要节点

物流节点指的是物流网络中连接物流线路的结节之处，智慧国际物流的节点是指从事国际物流相关活动的物流节点，智慧国际物流节点对优化整个国际物流网络起着重要作用，往往被称为整个物流网络的灵魂。智慧国际物流的主要节点主要包括口岸、港口、自由贸易区、海关特殊监管区、国际物流中心、国际物流园区，如表4-11所示。

表 4-11　智慧国际物流的主要节点

| 序号 | 类型 | 特征 | 典型节点 |
| --- | --- | --- | --- |
| 1 | 口岸 | 经政府批准设置的供人员、货物和交通工具直接出入国（关、边）境的港口、机场、车站、跨境通道等 | 满洲里口岸、霍尔果斯口岸、瑞丽口岸 |
| 2 | 港口 | 位于江、河、湖、海或水库等沿岸，由一定范围的水域和陆域组成的且具有相应的设施设备和条件开展船舶进出、停靠，货物运输，物流等相关业务 | 上海港、宁波舟山港、广州港 |
| 3 | 自由贸易区 | 签订自由贸易协定的成员国相互彻底取消商品贸易中的关税和数量限制，使商品在各成员国之间可以自由流动 | 中国（上海）自由贸易试验区、中国（天津）自由贸易试验区、中国（福建）自由贸易试验区 |
| 4 | 海关特殊监管区 | 经国务院批准，设立在中华人民共和国关境内，赋予承接国际产业转移、连接国内国外两个市场的特殊功能和政策，以海关为主实施封闭监管 | 洋山特殊综合保税区、天津滨海新区综合保税区、宁波北仑港综合保税区 |
| 5 | 国际物流中心 | 国际物流活动中商品集散的场所 | 香港、上海 |
| 6 | 国际物流园区 | 从事国际物流活动，是国际物流服务网络的重要节点 | 上海吴淞国际物流园区、天津保税国际物流园区 |

🔔 **岗前培训五：智慧国际物流的网络**

智慧国际物流的网络主要包括国际远洋航线及海上通道、国际航空线、国际铁路运输与大陆桥，如表 4-12 所示。

表 4-12　智慧国际物流网络

| 序号 | 类型 | 主要航线 |
| --- | --- | --- |
| 1 | 国际远洋航线及海上通道 | 远东-北美西海岸航线<br>远东-加勒比、北美东海岸航线<br>远东-南美西海岸航线<br>西北欧-北美东海岸航线<br>西北欧、北美东海岸-加勒比航线<br>远东-东南亚-东非航线<br>波斯湾-好望角-西欧、北美航线 |
| 2 | 国际航空线 | 西欧-中东-远东航线<br>远东-美国西海岸航线<br>北大西洋航线 |
| 3 | 国际铁路运输与大陆桥 | 西伯利亚大陆桥<br>新亚欧大陆桥<br>加拿大连接东西两大洋铁路<br>美国连接东西两大洋铁路 |

🔔 **岗前培训六：智慧国际物流的主要技术**

**1. 全自动化集装箱码头智能管控系统**

全自动化集装箱码头智能管控系统由客户端、服务端和后台中心数据库等组成，并主要以码头为单位进行部署。服务端根据码头业务的需要，在全自动化集装箱码头中基本都是采用集群的方式进行部署，根据业务量和交互量大小来决定集群的规模。全自动化集装箱码头智能管控系统让码头作业更快捷、更精准、更智能，是支撑全自动化集装箱码头高效运行的新一代"大脑"和"神经中枢"，如图4-10所示。

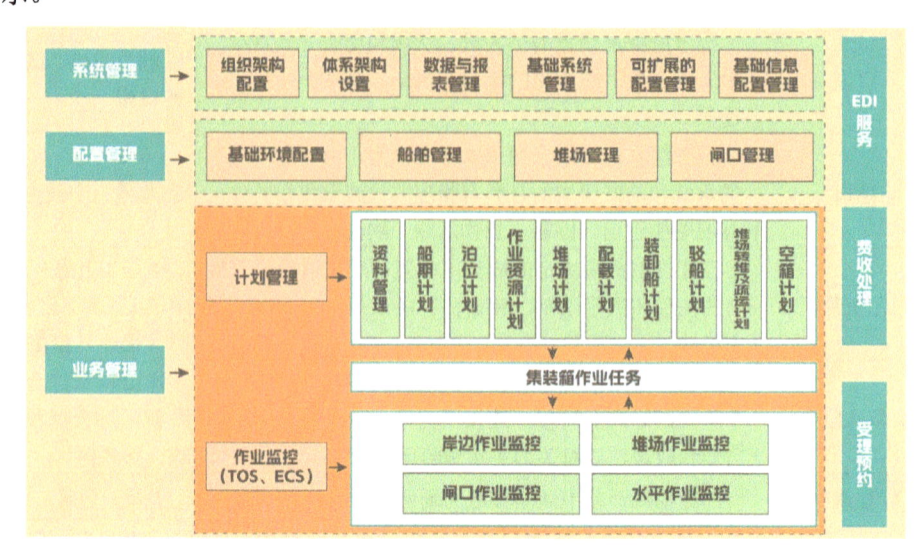

图 4-10　全自动化集装箱码头智能管控系统

### 2. 智能集装箱铁路系统

智能集装箱铁路系统在列车行驶过程中通过摄像头获取实时视频流、集装箱箱号、集装箱箱型等基础信息，并全自动检测箱况残损等情况。人工智能运算推理结果返回铁路系统，通过 API 接口形式与铁路系统交互，使场站数字化。各趟列车的各个集装箱箱号、箱型等基础信息及箱况残损结果显示在工作人员的计算机或手机上，方便工作人员查看，情况异常时会自动报警，使场站智能化。

### 3. 智能化航空物流系统

智能化航空物流系统借助信息技术和"互联网+"技术，使机场的物流系统进入可动态、实时地进行操作、监测、控制的新阶段。例如，深圳机场陆续建成了国内货站天信达货运系统、国际货站 Hermes 系统、快件中心 EIMS 系统、现代物流 ALMS 系统、货物安检信息系统等多个作业系统和物流综合信息服务平台。

## 扫一扫

中国民用航空局关于印发智慧民航建设路线图的通知

## 任务执行

步骤一：阅读案例

**为全球智慧港口建设运营提供"中国方案"——走进"洋山四期'科技芯港'创新团队"**

"洋山四期'科技芯港'创新团队"是由上港集团分管领导、机关部室，以及海勃、尚东、指挥部、同盛、瑞祥等单位的技术骨干组建的,是洋山四期自动化集装箱码头(简称洋山四期)设计应用的知识型、技能型、创新型、复合型团队。自2014年10月18日洋山四期建设获得国家核准并于同年12月23日正式开工建设以来,洋山四期"科技芯港"创新团队用大成之作赢得了港航界的广泛赞誉;用世界一流,践行习近平总书记殷殷嘱托;用前沿技术,开启智能化港区码头的未来……他们在自动化码头建设运营领域完成了从跟跑到领跑世界的嬗变,为全球智慧港口建设运营提供"中国经验""中国方案"。

洋山四期用3年多的工程建设周期完成了国外需要8~10年才能完成的工作,展现了中国速度、中国奇迹,实现了港口行业的重大跨越和变革,成为上海港发展史上的里程碑。

在洋山四期开工前,有国外专家直接质疑:"中国有能力建设自动化码头?"在一片质疑声中,团队成员们多次奔赴国外自动化码头考察并"取经",但国外同行"连捂带盖",不提供任何数据和技术规范。面对国外同行的技术封锁,洋山四期"科技芯港"创新团队不服软、不服输,他们各司其职又集智攻关,将勇挑重担、艰苦奋斗的"洋山精神"融入突破关键核心技术的时代命题中。

工程建设方面,为保证项目的建设质量,2014年6月,在洋山四期开工前期,上港集团的主要领导和分管领导带领有关生产单位负责人、工作团队用了整整两天时间对洋山四期的整体方案进行专题研讨。在时任工程指挥部总指挥张斌的牵头下,邀请了80余人次的全国水运行业专家召开各类咨询、评议和审查会,仅实施大纲就反复讨论修改了50多稿。

系统开发方面,"构建自动化码头的'大脑'是洋山四期建设中最大的难点之一。没有教科书,我们自己写代码;看不到国外的核心技术,我们自己创造系统。"集团技术中心主任、时任海勃公司副总经理、洋山四期系统项目总负责人黄秀松说。作为系统总架构师和设计师,他紧紧把握软硬件研发大方向,同时所有方案、流程的制定都亲力亲为。3年研发路,黄秀松和时任海勃公司总经理黄桁,带着秦涛、丁益华等开路先锋们凭着一股钻劲,将传统码头中需要人工去完成的工作一条条融入系统中,一行行枯燥又高质量的代码,成为责任和荣誉的载体。他们把给家人的陪伴和热情都给了系统,平均每周回家1.5天,在以岛为家的日子中,他们潜心研究,翻烂了一本本行业书籍,攻克了一道道核心技术难题,通过自主创新研发,最终研发出ITOS系统,为世界上具有较大规模业务流程的自动化集装箱码头安上一颗"中国脑",技术性能和功能参数均达到了当时的国际领先水平。

生产筹建方面,自动化码头的核心是生产工艺流程控制策略的自动化。但是,当时洋山四期所有的自动化工艺方案需要自己设计,筹备工作庞杂而紧迫,尚东分公司总经理柳长满迎难而上,"吃住在岛上、周一上岛、周五下岛"成为他的工作常态,他积极协调各项生产要素,成立9个专项联调小组,先后解决上万个系统和设备的调试难题;采用"单机种和多机种双联调"模式,大大缩短了生产调试周期。在他的带动下,筹备期间每个人心中都有一团火,在没有硝烟的战场上攻坚克难,白天,奔波于现场进行调试,争分夺秒;晚上,在宿舍还没交付的情况下,在16人的大通铺里席地而眠……最终,仅用8个月时间完成开港所需的3条作业路全流程贯通,比国外同类型码头缩短近两年时间。在洋山四期"大熔炉"下,同时涌现了许力、张传捷等劳模。

经过1000多个日夜的艰苦奋战和无数次推倒重来,最终建成了一座拥有自主知识产权的自动化码头,随着2017年12月10日开港,洋山四期"科技芯港"创新团队完成了上海港自动化码头"从无到有"的光荣使命。习近平总书记在2018年新年贺词中为上海洋山四期开港点赞,那一刻,洋山四期"科技芯港"创新团队泪流满面,紧紧拥抱在一起,欢呼雀跃,他们向全世界证明了"中国智造、上港服务"的实力。

2014—2017年,他们持续对标高可靠,着力提升系统稳定性,共完成79次ITOS系统版本更新,新上线252项功能点，优化146项功能点，修复解决624个系统问题，解决率达到98%，系统MTBF（Mean Time Between Failure，平均故障间隔时间）指标提升了近3倍。他们持续对标高效率，着力推进新功能开发与应用，上线应用自动化桥吊双吊具装船功能和海侧自动化轨道吊双箱吊功能，双箱单关作业时间较单箱作业节省41%。他们持续对标高智能，着力开港后新上岸设备联调工作，组织26条作业路、135台AGV、120台轨道吊的全规模满负荷的压力测试，研判系统问题并加以修复，推进三大机种性能联通更顺畅、更智能；着力推进系统功能优化，做好自动堆存计划重构，持续优化AGV调度与路径、桥吊作业设计及智能配载、发箱功能及道口、陆侧作业流程等核心模块，促使生产资源策划与调度更智能。

截至目前，该团队已获受理和授权专利6项，有3项达到国际领先水平；在各类核心期刊发表论文70余篇；着手开展国内首个"自动化集装箱码头标准体系及标准建设"研究，撰写企业标准3项，牵头实施或参与团体和行业标准撰写6项；获上海市科技进步特等奖、中国建设工程鲁班奖、中国土木工程詹天佑奖、国家优质工程奖、中国港口协会科技进步特等奖、中国港口协会科技进步二等奖、国际发明创新博览会金银奖等20余项；先后10余次组织举办和受邀参加国际会议、自动化码头技术论坛并作主旨和交流发言，赢得国内外同行、专家的高度评价。在不断"奔跑"中，从"中国方案"迈向"中国标准"，洋山四期"科技芯港"创新团队让中国自动化集装箱码头的成套技术"走出去"指日可待。

过去未去，未来已来。近年来，洋山四期"科技芯港"创新团队持续跟踪5G和人工智能等发展，并积极探索将最前沿的技术与码头生产、经营管理深度融合，努力打造更精细、更柔性、更智慧的码头生产服务综合体系。

目前，该团队着力将5G和AI智能识别技术在洋山四期码头中实现多场景应用，在码头无人机动态巡检、AI视觉的桥吊作业安全辅助系统、自动化区域人员管控、陆侧交互作业安全确认等项目中均进行了大力推进。"码头作业瞬息万变，决策机会也是稍纵即逝，光凭人难以捕捉时时刻刻和数以万计的作业决策，利用人工智能、数字孪生技术对码头纷繁复杂的现实抽丝剥茧。"柳长满说。为此，该团队与高校共同研发和构建了洋山四期运营大数据分析与智能决策平台，从事前、事中、事后进一步提升生产计划、装卸调度、过程控制、异常监控、决策调整全过程的智能化水平，成为"会思考、会说话、会决策"的智慧平台。

值得一提的是，华为、上汽等多家知名企业抛来合作的橄榄枝。其中，采用华为F5G全光网搭建的自动化桥吊与轨道吊超远程控制，在芦潮港及市区开展试点工作，开创港口机械超远程控制探索先河，预计将于今年年内实现全球首发。"洋山地理位置原因，员工路上通勤时间较长，超远控项目致力于实现'数据多跑腿，员工少跑路'的美好愿景。"孙金余说。

站在自动化码头运营管理的制高点上，洋山四期"科技芯港"创新团队勇于追梦。未来，在对内发展上，拟建立全域智能化管控系统，将云计算、大数据、人工智能等技术手段结合起来，实现安全监督更精准、设备维保更智能、生产作业更高效、港口生产更环保，真正推进自动化码头向智慧化码头落实落地；在对外服务上，将主动融入并积极推动"区块链港航生态圈"建设，构建起连接监管、企业、金融的生态信息服务平台，进一步提升港口综合竞争优势力。在上海市科委支持下，洋山四期"科技芯港"创新团队成员承担的"网络协同制造和智能工厂"国家重点专项共性关键技术研发项目，有望在交互响应速度、应变能力、智能化程度和运营规模等方面取得新突破。预计到2022年，项目将完成我国首个拥有完全自主知识产权的超大型自动化集装箱码头智能操作系统的升级研发，实现整体桥吊平均台时效率提升10%、单体码头年吞吐能力提升50%。

（案例来源：本案例选自上港集团官方网站）

### 步骤二：请以任务组为单位，对案例进行分析

（1）案例中，"科技芯港"创新团队研发的ITOS系统在港口作业的哪些环节实现了智能化？

（2）该案例给你带来了什么启示？

### 步骤三：各任务组派一名代表上台分享

请各任务组选派一名代表上台分享本组案例分析的结果。

## 任务评价

在完成上述任务后，教师组织进行三方评价，并对学生的任务执行情况进行点评。学生填写任务评价表（见表4-13）。

表4-13 任务评价表

| 任 务 | | | 评 价 得 分 | | | |
|---|---|---|---|---|---|---|
| 任务组 | | 成员 | | | | |
| | 评价任务 | 分值（分） | 自我评价（20%） | 他组评价（30%） | 教师评价（50%） | 合计（100%） |
| 评价标准 | 按要求对案例进行分析 | 60 | | | | |
| | 分享时语言表达流畅 | 40 | | | | |
| | 合计 | 100 | | | | |

# 项目五

# 走进智慧供应链

## 学习目标

### 知识目标

(1) 掌握供应链的定义和特征。
(2) 掌握智慧供应链的概念。
(3) 了解构建智慧供应链的意义与价值。
(4) 掌握供应链管理的概念及内涵。
(5) 掌握供应链管理的特点、作用及目标。
(6) 掌握敏捷供应链的概念。
(7) 掌握物联网的概念。
(8) 掌握大数据在供应链中的作用。

### 能力目标

(1) 能根据产品增值链的依存关系认识供应链。
(2) 能分析供应链管理流程。
(3) 能够对智慧供应链管理策略的要点进行分析。
(4) 能认识敏捷供应链的特点、优势。
(5) 能分析大数据在供应链管理中的实施策略。
(6) 掌握物联网在供应链中的应用价值。

### 思政目标

(1) 培养学生团队协作的精神。
(2) 培养学生可持续发展的理念。
(3) 培养学生精益求精、追求高质量发展的职业精神。
(4) 培养学生分析问题和解决问题的能力。

项目五 走进智慧供应链

## 思维导图

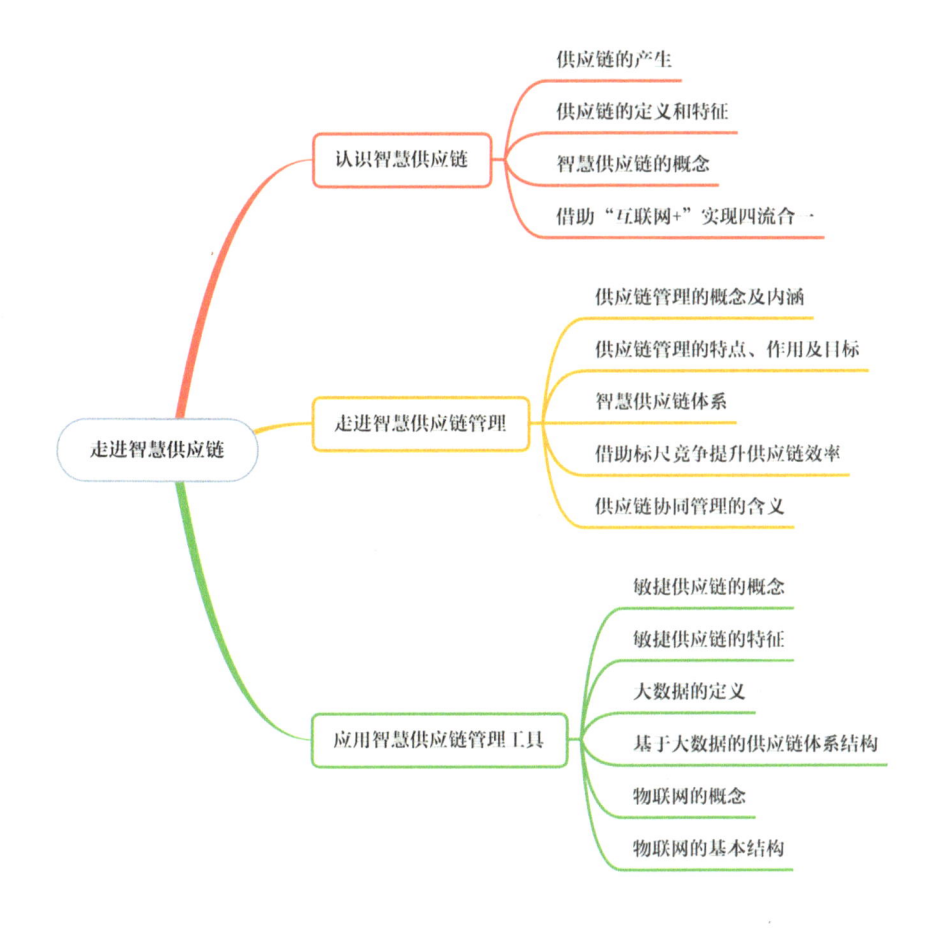

- 走进智慧供应链
  - 认识智慧供应链
    - 供应链的产生
    - 供应链的定义和特征
    - 智慧供应链的概念
    - 借助"互联网+"实现四流合一
  - 走进智慧供应链管理
    - 供应链管理的概念及内涵
    - 供应链管理的特点、作用及目标
    - 智慧供应链体系
    - 借助标尺竞争提升供应链效率
    - 供应链协同管理的含义
  - 应用智慧供应链管理工具
    - 敏捷供应链的概念
    - 敏捷供应链的特征
    - 大数据的定义
    - 基于大数据的供应链体系结构
    - 物联网的概念
    - 物联网的基本结构

## 任务一 认识智慧供应链

### 思政活动

党的二十大报告中指出："我们要坚持以推动高质量发展为主题，把实施扩大内需战略同深化供给侧结构性改革有机结合起来，增强国内大循环内生动力和可靠性，提升国际循环质量和水平，加快建设现代化经济体系，着力提高全要素生产率，着力提升产业链供应链韧性和安全水平，着力推进城乡融合和区域协调发展，推动经济实现质的有效提升和量的合理增长。"

请思考：国家着力提升产业链供应链韧性和安全水平的重要战略意义有哪些？

### 任务描述

**任务：阅读案例《"顺丰供应链+亚马逊云科技"推动供应链智慧转型》**

请以任务组为单位，认真阅读案例，从 SaaS 模式数智门解决方案所涉及的供应链智慧转型要点对顺丰供应链的智慧供应链模式进行分析，在空格处填写分析要点，每组派一名代表在班级内进行分享。

# 岗前培训

### 岗前培训一：供应链的产生

1985年，迈克尔·波特在其《竞争优势》一书中提出了"价值链"概念。

1996年，詹姆斯·P. 沃麦克和丹尼尔·T. 琼斯在《精益思想》一书中提出"价值流"概念，并以此为线索提出"供货链"和"销售链"的概念，这是供应链产生的雏形。

20世纪末，在全球化市场的激烈竞争和日益多样化的市场需求下，传统的生产模式已显现出滞后性，供应链思想逐步建立起来。供应链网链结构如图5-1所示。

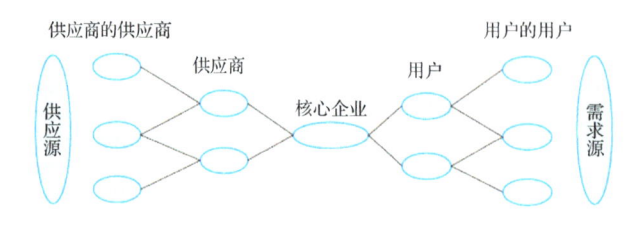

图 5-1  供应链网链结构

### 岗前培训二：供应链的定义和特征

中华人民共和国国家标准《物流术语》（GB/T 18354—2021）对供应链的定义为："生产及流通过程中，围绕核心企业的核心产品或服务，由所涉及的原材料供应商、制造商、分销商、零售商直到最终用户等形成的网链结构。"

供应链的特征表现为：供应链的复杂性；供应链的动态性；供应链的响应性；供应链的交叉性；供应链的增值性。

### 岗前培训三：智慧供应链的概念

"智慧供应链"这一概念由复旦大学博士后罗钢在2009年上海市信息化与工业化融合会议上首先提出，主要是指通过有机结合日益发展成熟的物联网技术与现代供应链管理的理论、方法和技术，在企业内部及企业之间构建的智能化、数字化、自动化、网络化的技术与管理综合集成系统。智慧供应链的内涵如图5-2所示。

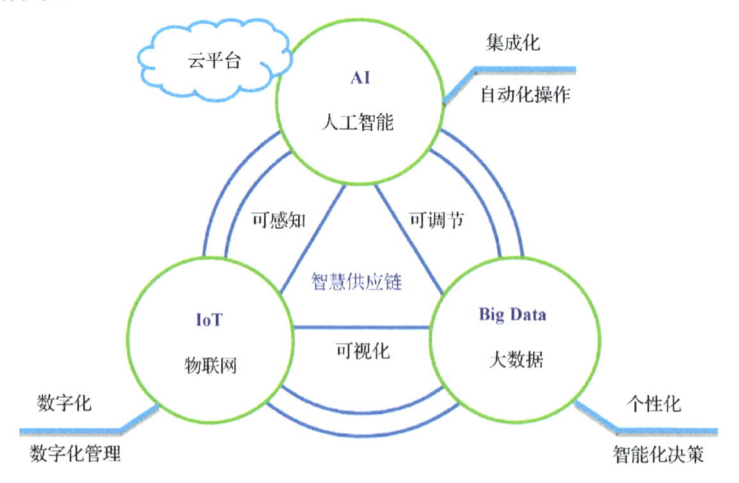

图 5-2  智慧供应链的内涵

### 1. 智慧供应链的内涵

物联网、大数据和人工智能等先进技术的应用，推动着供应链以海量的数据、真实的场景、精准的体验为目标持续创新，以智慧供应链提高供应链智能化优化、决策和运营能力。智慧供应链融入了人类智慧和人工智能，产生于以数字化、集成化、个性化持续增强智慧的过程，智能化贯穿产品从生产、加工、销售到消费的全生命周期过程。

### 2. 智慧供应链的特点

智慧供应链的特点表现为：技术的渗透性更强；可视化、移动化；信息整合性更强；协作性更强；可延展性更强。

#### 岗前培训四：借助"互联网+"实现四流合一

智慧供应链融入了人类智慧和人工智能，能够从本质上增强供应链柔性、弹性和鲁棒性，提高整个供应链的效率和效益。智慧供应链应致力于解决现实中存在的"无缝"供应链问题，避免"无缝错轨，无法通车"的尴尬境遇，实现供应链结构、功能和行为的智能优化，以及智慧供应链可视化、可感知、可调节目标。

首先必须在产业供应链管理上实现"四个有机化"——产业组织网络的有机化、产业价值网络的有机化、产业物流网络的有机化和产业资金网络的有机化。"四个有机化"对应着产业运营中的信息流、商流、物流和资金流，是相辅相成、彼此影响、相互作用的管理流程和环节，如图5-3所示。

图 5-3 借助"互联网+"实现四流合一

在产业供应链的运营管理中，实现"四个有机化"并非易事，"互联网+"则提供了有效的解决方案和路径——通过在产业链管理中融入物联网、互联网、大数据、云计算、人工智能等先进的信息化技术手段，不仅可以实现四流的高效整合与无缝对接，还能大幅度提升整个供应链的数字化、自动化、智能化、集成化、服务化水平，推动传统供应链转型，并将其升级为智慧供应链。

智慧供应链以不断创新发展的信息化技术和手段为依托，打破传统供应链系统中组织内部及组织之间的各种"孤岛"现象，实现商流、物流、信息流、资金流一体化无缝对接。

#### 任务执行

##### "顺丰供应链+亚马逊云科技"推动供应链智慧转型

2023年，亚马逊云科技宣布，领先的供应链服务企业——顺丰供应链与亚马逊云科技聚力合作，打造智能化综合管理平台"数智门"，满足多场景园区物流需求，实现供应链端到端可视化。借助亚马逊云科技提供的计算、存储、数据分析、容器、机器学习和安全等服务，顺丰供应链改进了园区运营流程，提高了运营效率，园区车辆日吞吐量提升了 40%～60%，员工作业效率提升了 30%，调度员和安检员的工作量减少了 50%。目前，"数智门"解决方案已经在多个行业头部客户的 20 多家物流园区部署；并已经形成了成熟的 SaaS 模组化产品，向汽车、零售、制造等行业客户输出，助力更多客户实现业务创新与智能化管理。

颠覆传统园区物流，打造 SaaS 模式数智门解决方案。

园区物流既是供应链环节中重要的中转站和平台，也是提升供应链能力的核心。传统园区物流严重依赖人力，运营成本高、效率低下，并难以个性化。顺丰供应链作为行业领军者，积累了深厚的行业经验，希望实现可视化、自动化、数字化的园区物流管理。

基于亚马逊云科技，顺丰供应链构建了"数智门"解决方案，利用前端智能感知设备采集园区内数据，并在园区 5G 网络边缘侧进行预处理；后台的大量非结构化数据通过上云，利用机器学习、大数据分析等技术，完成对业务数据的即时智能处理和分析，实现物流园区内"人、车、货、场、设备、环境"的可视化、数字化管理。

具体来看，打造"数智门"解决方案，分为以下 3 个步骤。

### 1. 挖掘数据价值，打通"端—边—云"数据闭环

顺丰供应链利用亚马逊云科技可大规模扩展的对象存储服务 Amazon Simple Storage Service（Amazon S3）构建数据湖，"数智门"通过园区内大量的前端感知设备，包括摄像头、物联网 IoT 设备、地磁、多模雷达等收集的信息汇总到数据湖中。将一部分数据在园区 5G 网络边缘侧进行预处理，再将另一部分数据汇聚到 Amazon S3 构建云上数据湖，最后利用机器学习、大数据分析等技术进行即时分析。

### 2. 采用 SaaS 化微服务架构，模块化设计，"搭积木"式灵活组合

利用亚马逊云科技的托管式容器服务 Amazon Elastic Kubernetes Service（Amazon EKS），顺丰供应链将原来的单体架构改造为 SaaS 化微服务架构。通过模块化的方式，把每个功能都做成一个个小小的微服务。客户不需要买整套的服务，只需要买基础服务和相关的微服务就可以。借助微服务架构，"数智门"解决方案可以划分为 3 层：通用层、行业层和客户层，如图 5-4 所示。

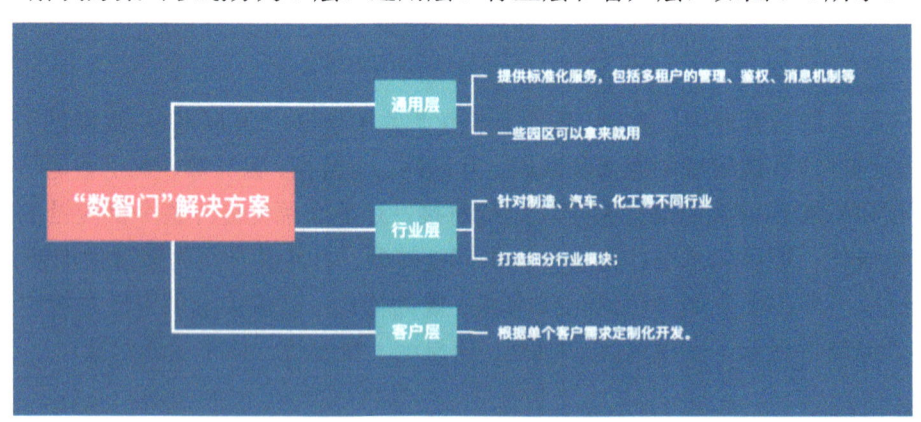

图 5-4 "数智门"解决方案

通用层提供标准化服务，包括多租户的管理、鉴权、消息机制等；行业层则针对制造、汽车、化工等不同行业提供细分行业模块；客户层可以根据单个客户需求定制化开发。

通过微服务架构和分层设计，平台底层架构、基本功能可以复用，只需要少量定制开发即可满足用户需求，这大大提升了"数智门"解决方案的交付速度，缩短了客户需求的响应时间。

## 3. 云上敏捷开发，快速扩展与迭代

通过 DevOps 方式，实现持续集成和部署，顺丰供应链把开发时间节省了 30%。在持续迭代中，顺丰供应链还把"数智门"不断地与 AI 技术融合，并应用到具体的业务场景中。

在平台的开发过程中，顺丰供应链与亚马逊云科技成立联合项目专项小组，帮助顺丰供应链团队获得 DevOps 技能，实现持续集成和部署，即时响应不同行业客户的诉求。通过敏捷开发服务，将开发时间节省了 30%，更好地满足园区物流多场景的动态需求。

**步骤一：阅读案例，分析顺丰供应链是如何颠覆传统园区物流的**

_____

_____

_____

**步骤二：阅读案例，分析顺丰供应链基于亚马逊云科技构建的"数智门"解决方案**

_____

_____

_____

**步骤三：阅读案例，分析顺丰供应链如何推动供应链智慧转型的**

_____

_____

_____

**步骤四：阅读案例，分析顺丰供应链"数智门"解决方案的三层使用如何布局**

_____

_____

_____

**步骤五：各组派一名代表上台分享**

各任务组派一名代表在班级内将本组分析的结果进行分享。
观看视频《哗啦啦供应链全流程一体智慧化》。

## 任务评价

在完成上述任务后，教师组织进行三方评价，并对学生的任务执行情况进行点评。学生填写任务评价表（见表5-1）。

表 5-1　任务评价表

| 任　　务 | | | 评 价 得 分 | | | |
|---|---|---|---|---|---|---|
| 任务组 | | 成员 | | | | |
| 评价标准 | 评价任务 | 分值（分） | 自我评价（20%） | 他组评价（30%） | 教师评价（50%） | 合计（100%） |
| | 对 SaaS 模式"数智门"解决方案要点分析准确 | 25 | | | | |
| | 对"数智门"3层使用要点分析准确 | 25 | | | | |
| | 对顺丰供应链智慧转型分析准确 | 25 | | | | |
| | 语言表达流畅 | 25 | | | | |
| | 合计 | 100 | | | | |

## 任务二　走进智慧供应链管理

### 思政活动

随着供应链管理思想的持续渗透和经济全球化的快速发展，全球经济进入供应链时代。在"工业4.0"的推动下，生产、物流、信息等要素不断趋于智能化，打造智慧、高效的供应链，成为供应链成员企业转型发展、创新升级、获得竞争优势的关键，从而推动供应链朝着更加智慧的方向迈进，智慧供应链成为供应链管理新的发展趋势。

零售行业是阿里巴巴的主营业务，零售强依赖于供应链，阿里巴巴数字供应链聚焦零售供应链全链路，所建设的零售操作系统已经成为阿里巴巴的重要基础设施。阿里巴巴围绕人、货、场，构建了一套从数字化到智能化的供应链管理体系。从业务的支撑来说，阿里巴巴数字供应链事业部支撑了整个集团 20 多个 BU（Business Unit，业务部门）的供应链业务，同时面向 6 亿多个消费者，有 5 万多家外部商家在基于这套系统为消费者提供服务，比如天猫超市、天猫国际、淘宝、天猫、零售通、消费电子，以及海外 Lazada 等上层业务，都在阿里巴巴智慧供应链管理体系的支撑下高质量运转。

请结合案例讨论并分析：阿里巴巴智慧供应链管理实践的重要意义。

### 任务描述

**任务：阅读案例《国家电网公司现代智慧供应链数据管理体系探索》**

请以任务组为单位，认真阅读案例，以国家电网有限公司（简称国家电网公司）传统物资管理向供应链数字化管理转型为切入点，对智慧供应链管理的要点进行分析，将分析要点写下来，每组派一名代表在班级内进行分享。

## 岗前培训

### 岗前培训一：供应链管理的概念及内涵

中华人民共和国国家标准《物流术语》（GB/T 18354—2021）将供应链管理定义为："从供应链整体目标出发，对供应链中采购、生产、销售各环节的商流、物流、信息流及资金流进行统一计划、组织、协调、控制的活动和过程。"这个定义既按照我国文化区分了"供应链"与"供应链管理"，又以简练的表达拓展了供应链管理的内涵和外延。

**供应链管理的内涵**

供应链管理是一种新型管理模式。在管理过程中各节点企业之间有主次之分，核心企业在与其他渠道伙伴协作时居于主动地位，供应链服务承担更多的责任。

供应链管理是一种集成的管理方法。它执行供应链中从供应商到最终客户的物流的计划与控制等职能。

供应链管理是一种管理策略。它主张把不同企业集成起来以提高供应链的效率，注重节点企业之间的合作，它把供应链上的各个节点企业作为一个不可分割的整体。

### 岗前培训二：供应链管理的特点、作用及目标

如图5-5所示，供应链管理的特点是把所有节点企业看作一个整体，实现全过程的战略管理；供应链管理以客户为中心，这是供应链管理的经营导向；供应链管理是一种集成化的管理模式；供应链管理提出了全新的库存观念。

图 5-5  供应链管理的特点

供应链管理的作用体现为：供应链管理能有效降低成本；供应链管理能增加时间效用；供应链管理更新了物流理念；供应链管理能发挥整体优势。供应链管理的目标在于实现"五化"——总成本最低化、客户服务最优化、总库存最小化、总周期最短化、物流质量最优化，如图5-6所示。

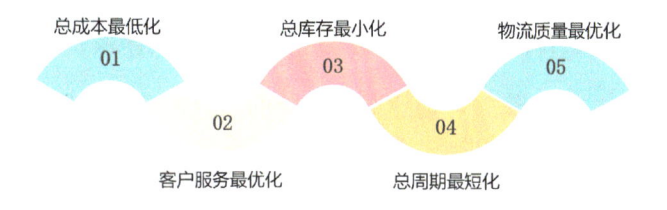

图 5-6  供应链管理的目标

### 岗前培训三：智慧供应链体系

#### 1. 产品的持续优化改进

产品的持续优化改进是企业获取利润的主要来源。在智慧供应链中，企业需要积极利用产品生命周期管理方面的数字化、智能化技术增强产品的数据集成性和协同性，以持续改进产品。

#### 2. 完善生产计划系统

企业应站在整个供应链的角度制定并完善生产计划管理系统，使各类产品都能匹配适宜的计划模式、物料需求和配送模式，实现企业资源计划系统与供应链管理系统的有效对接，从而大大提高终端销售过程的可视化、规范化和可控性。

#### 3. 实现财务管理体系标准化和一体化

企业要改变传统的财务业务运营管理思维与模式，需要从记账式财务业务分析转向价值创造型财务分析，并积极利用 ERP 系统推进财务管理体系的标准化和一体化，实现基于数据仓库平台的数据分析和商业智能应用，从而大幅提升供应链的可视性和共享性水平。

### 岗前培训四：借助标尺竞争提升供应链效率

标尺竞争（Benchmark Competition），即企业将同类型的第三方企业视为标杆，根据第三方企业的成本消耗情况制定自身的成本战略，并据此进行资金分配。在产品运营与销售的过程中，企业要根据第三方企业的成本消耗情况来设置产品的价格，为了扩大自身的利润空间，企业要压缩自身成本，并加快整体运转速度，不断优化自身的服务体系，追赶竞争对手，并体现自己的差异化优势。

标尺竞争思想的核心是引入同类型企业作为参照对象，根据相同条件下同类型企业的成本与资金投入状况分析目标企业的成本与资金投入状况。从智慧供应链的角度来看，引入标尺竞争后，供应链运营管理人员就不必费时费力地去了解各成员企业成本与资金投入的具体信息，从而大大弱化了监管过程中对被监管企业的信息依赖，也为信息不透明、不对称情况下的监管问题提供了解决方案。

### 岗前培训五：供应链协同管理的含义

供应链协同管理是一种通过完善客户服务、减少库存、降低供应链成本、提高客户忠诚度及市场竞争力的有效手段；是一种两个及两个以上的企业为了达成战略目标，而建立联合组织或签订战略协议后达成的网络式联合体；是一种供应链上下游企业之间为了提升供应链的价值创造能力，而统一制订并执行相关计划、共担风险，使各方协同配合。

## 任务执行

### 国家电网公司现代智慧供应链数据管理体系探索

2020 年 4 月，《中共中央 国务院关于构建更加完善的要素市场化配置体制机制的意见》将数据和劳动力、资本、土地、知识、技术、管理列为同等重要的生产要素，数据被提升到前所未有的战略高度。当前，国家电网公司供应链管理正在加快从传统信息化建设向数字化转型，大力推进现代智慧供应链建设和实用化推广，数据成为支撑现代智慧供应链高质量运营的重要引擎性资源。

近年来，国家电网公司以传统物资管理向供应链数字化转型为抓手，高质量、高标准推进现代智慧供应链建设和实用化推广，通过打造"e 链国网"的一站式供应链服务平台和"五 E 一中心"供应链管理平台[ERP（企业资源管理系统）、ECP（电子商务平台）、EIP（电工装备智慧物联平台）、ELP（电力物流服务平台）、E物资（物资作业系统统一移动服务门户）和供应链运营中心（ESC）]，推动智能采购、数字物流、全景质控三大业务链有序运作，致力于建立全供应链运营服务及管理机制和供应链数据"资源池"，实现跨业务、跨专业、跨系统数据融合。

"五E一中心"作为智慧运营系统，是现代智慧供应链的"大脑中枢"，依托国家电网公司总部和省公司两级数据中台，通过构建智能采购、数字物流、全景质控、供应链协同、运营监督五大业务板块，分别建设运营分析决策、资源优化配置、风险监控预警、数据资产应用、应急调配指挥五大功能。

现代智慧供应链数据管理体系建设思路如下。

### 1. 健全两级数据管理机制

现代智慧供应链数据来源复杂，业务链条较长，涉及多个传输环节、单位、部门、信息化系统和信息化项目实施团队，数据管理的职责界面不易清晰划分，相关工作开展需要多方协同配合。数据在整个链路传输中遇到的问题复杂多样、涉及面广，既有技术方面的问题，也有业务和管理方面的问题。因此，需要建立一套"横向协同、纵向贯通、统一管理、分级负责"的协同联动工作机制，确保总部和省公司两级数据管理工作界面清晰、协同高效和联动畅通。

### 2. 建立供应链业务数据标准

数据标准是为确保信息系统各数据库与各功能模块之间的数据分类、编码及数据文件命名的系统性和唯一性，满足系统正常高效运行及与其他相关系统协同运作的要求，实现系统之间相互兼容、信息共享，以及对数据制订的统一定义和规范。数据标准适用于业务数据描述、信息管理及应用系统开发，可以作为经营管理中所涉及数据的规范化定义和统一解释，也可作为信息管理的基础及应用系统开发时进行数据定义的依据。

### 3. 建设信息化支撑功能

以两级供应链运营中心（ESC）系统为载体，按照"总体规划、急用先行、分步实施"的原则，将数据管理流程在 ESC 系统中进行固化，从数据需求、数据资产、数据质量、数据安全、数据共享、数据应用、数据监控、工作评价 8 个方面建设数据管理信息化支撑功能，全面提升数据管理工作的信息化水平。以数据供给、管控、运营和应用为主线，围绕数据管理八大能力整体规划、设计数据管理业务架构，支撑现代智慧供应链建设和高效运转。

### 4. 培育数字文化

目前，供应链数字化转型升级正加速推进，传统物资人才的知识结构相对单一，既懂业务又懂数据的数字化人才稀缺，亟须通过多元化手段向员工普及数据专业知识，帮助其从全供应链视角、数据视角去思考和处理业务问题，养成"用数据说话、用数据决策、用数据管理、用数据创新"的数字化思维习惯。

**步骤一：分析国家电网公司是如何从传统物资管理向供应链数字化管理转型的**

_____

_____

_____

### 步骤二：分析国家电网公司的供应链运营中心（ESC）如何运作

_____
_____
_____
_____

### 步骤三：分析国家电网公司现代智慧供应链数据管理体系建设思路

_____
_____
_____
_____

## 任务评价

在完成上述任务后，教师组织进行三方评价，并对学生的任务执行情况进行点评。学生填写任务评价表（见表 5-2）。

表 5-2 任务评价表

| 任务 |  | 评价得分 |  |  |  |  |
|---|---|---|---|---|---|---|
| 任务组 |  | 成员 |  |  |  |  |
| 评价标准 | 评价任务 | 分值（分） | 自我评价（20%） | 他组评价（30%） | 教师评价（50%） | 合计（100%） |
|  | 供应链数字化管理转型分析准确 | 25 |  |  |  |  |
|  | 供应链运营中心运作分析准确 | 25 |  |  |  |  |
|  | 现代智慧供应链数据管理体系分析准确 | 25 |  |  |  |  |
|  | 语言表达流畅 | 25 |  |  |  |  |
|  | 合计 | 100 |  |  |  |  |

# 任务三 应用智慧供应链管理工具

## 思政活动

物联网在物流供应链中的应用，不但使得企业之间的竞争越来越激烈，而且对物流供应链管理的要求越来越高。要想让企业立于不败之地，获得稳定发展，就要发挥物联网最大的作用，改善物流供应链管理现状，加强物流方面的基础设施建设，提升企业管理的实力。物流供应链在物联网的支持下，智能化有所提升，保障了信息的准确性和及时性，促进了我国物流业的健康发展。

实现了同步化信息共享——物联网具有很强的发展优势，尤其是对于智慧物流供应链的管理方面，加速了信息的同步化和信息共享，对生产和运输中的物品能够进行有效监视和追踪。

管理过程得到了完善——在传统的物流供应链管理中，通常需要人工管理，不仅耗时耗力，增加了管理成本，管理效果也不好，难以满足企业的发展要求。因此，要加强对物流供应链的管理，使其不断优化和完善，提升管理的自动化水平。

物流供应链的可视化管理——基于物联网的物流供应链监控，实现了对产品的可视化监控，可以让管理人员了解产品的实时状态。在管理过程中，通过网络就能标记产品，把产品信息标注清楚，能实现更及时、更准确有效的管理。

提高运输效率——在当前社会环境下，人们的个性化需求在不断提高，需要在最短的时间内完成交易，这无形中为物流供应链管理工作带来了压力，需要实现网络的无缝连接。因此，企业不仅要保障产品的供应速度，还要使其具有灵活性，以此来面对突发情况。

物联网技术使得物流管理越来越智能化、数据化，提升了我国物流供应的管理水平，优化了物流环节，为企业带来了更多经济效益。因此，增强改革创新意识，满足客户需求，增强市场竞争力尤为重要。

## 任务描述

**任务：观看视频《华为云：区块链数字化物流供应链解决方案》**

请以任务组为单位，认真观看视频，讨论分析传统供应链物流业的痛点及华为云利用大数据提供的供应链管理方案，将分析要点写下来，最后每组派一名代表在班级内进行分享。

## 岗前培训

### 岗前培训一：敏捷供应链的概念

敏捷供应链（Agile Supply Chain，ASC）是指在不确定性、持续变化的环境下，为了在特定的某一市场机会中获得价值最大化而形成的基于一体化的动态联盟和协同运作的供应链，以核心企业为中心，通过对资金流、物流、信息流的控制，将供应商、制造商、分销商、零售商及最终消费者用户整合到一个统一的、无缝化程度较高的功能网络链条，以形成一个具有竞争力的战略联盟。

敏捷供应链最早是在 20 世纪 90 年代末提出的，伴随着计算机与网络技术的日渐成熟而产生，而互联网及以互联网为平台的各种网上应用如火如荼，在为传统产业带来无限商机的同时，也为企业管理带来了更多挑战。

在新的竞争环境下，面对市场需求企业必须做出敏捷化响应。敏捷化是一种战略竞争能力，是在难以预测的、多变化的竞争环境中生存、发展使竞争优势不断提升的能力，其内容非常丰富，包括快速响应能力、柔性生产能力、新产品开发能力、知识管理能力、创新能力、人力资源响应变化的能力、信息系统适应环境变化的能力、适应全球化市场变化的能力、企业内外合作能力等。

### 岗前培训二：敏捷供应链的特征

#### 1. 市场敏感性

市场敏感性是判断敏捷供应链总体效能的重要参考标准，市场因素能够对客户满意度产生很大影响，为了提高整体效能，敏捷供应链要及时应对市场需求的变化。

### 2. 网络分布性

利用网络平台的优势，敏捷性供应链能够突破地域限制，加强供应链中各个参与主体之间的合作，使企业与消费者之间进行有效互动，从而增强整个供应链的竞争实力。

### 3. 过程集成性

除了促进各个环节之间的信息沟通，敏捷供应链还要跨越组织界限，从整个供应链的角度出发，对各个企业的业务流程进行整合，加强企业之间的合作关系，在产品设计与研发、流程管理等方面进行创新。

### 4. 虚拟性

依托信息技术实现供应链上各个环节之间的信息交流，增加了供应链的虚拟性。在这个过程中，企业能够准确获知当前的市场需求，做到供给与需求之间的有效对接，在发展过程中促进供应链的完善。

## 岗前培训三：大数据的定义

大数据原指海量的数据，但随着云计算和数据挖掘等技术的不断发展，大数据已经作为一种新的思维模式广泛应用到不同产业各个细分领域，以大数据的技术手段变革传统经营管理模式。

大数据是一种规模巨大的数据集合。大数据能够轻松获取并存储，并能通过对采集的数据进行管理和分析筛选出有价值的信息。

大数据的功能远远超过一般数据库管理软件的功能，能够通过对海量数据的加工处理来增加数据的利用价值。

## 岗前培训四：基于大数据的供应链体系结构

基于大数据的供应链体系结构，是将供应链上的每个企业作为不同的网络节点，以大数据分析平台为中心，在大数据供应链框架下形成供应链网络系统的功能集成，从而摆脱传统的串联式长链，实现供应链的网状并联，对供应链中涉及的跨企业、跨产业、跨地域运作的业务流、资金流、物流、数据流进行整体规划设计与运作管理。大数据分析平台是各节点的中点，各节点通过大数据分析平台实现人、货、场、信息的精准匹配和无缝对接，供应链中各企业与相关部门之间进行数据交换，将各企业的资源整合在一起，在大数据分析平台中共享，各企业又通过平台提供的各种服务获取共享资源，每个成员在供应链中都处于平等的位置。

## 岗前培训五：物联网的概念

"物联网概念"是在"互联网概念"的基础上，将其用户端延伸和扩展到任何物品与物品之间，进行信息交换和通信的一种网络概念。从狭义角度来看，只要是物品之间通过传感介质连接而成的网络，不论是否接入互联网，都应算是物联网的范畴，而从广义角度来看，物联网不仅局限于物与物之间的信息传递，还必将和现有的通信网实现无缝融合，最终形成物与物的信息交互。

物联网是一个基于互联网、传统电信网等信息承载体，让所有能够被独立寻址的普通物理对象实现互联互通的网络，它具有普通对象设备化、自治终端互联化和普适服务智能化 3 个重要特征，物联网强调物与物的互联，被看作一种通过各种信息传感设备使现实世界中各种物体互为连通而形成的网络，其使得所有物品都有数字化、网络化标识，方便人们识别、管理与共享。

### 岗前培训六：物联网的基本结构

物联网的基本结构是物联网系统化的重要体现，物联网各组成部分分工协作、有机结合，以实现物与物之间的交互沟通和基于物联网的工作组织。物联网层次结构分为 3 层，自下向上依次是感知层、网络层、应用层。物联网的基本结构图，如图 5-7 所示。

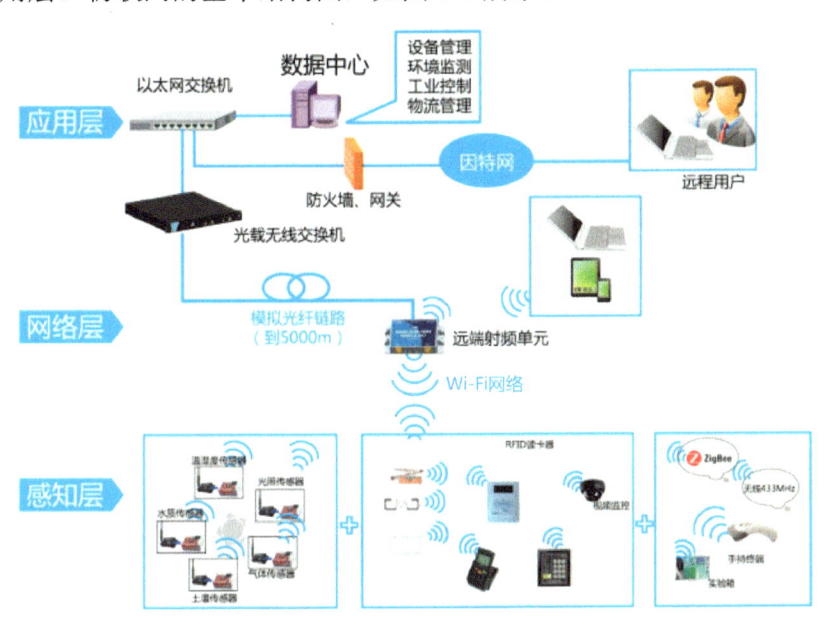

图 5-7 物联网的基本结构图

### 任务执行

**步骤一：分析传统供应链物流业的痛点**

_____

_____

_____

**步骤二：分析华为云利用大数据提供的供应链管理方案**

_____

_____

_____

### 任务评价

在完成上述任务后，教师组织进行三方评价，并对学生的任务执行情况进行点评。学生填写任务评价表（见表 5-3）。

表 5-3 任务评价表

| 任 务 || 评 价 得 分 ||||
|---|---|---|---|---|---|
| 任务组 || 成员 ||||
| 评价标准 | 评价任务 | 分值（分） | 自我评价（20%） | 他组评价（30%） | 教师评价（50%） | 合计（100%） |
| 评价标准 | 分析传统供应链物流业的痛点 | 50 ||||
| 评价标准 | 分析华为云数字化供应链管理方案 | 50 ||||
|  | 合计 | 100 ||||

# 项目六

## 知悉供应链"四会"

### 学习目标

#### 知识目标

（1）了解需求预测的目的和重要性。
（2）了解供应商管理的内容及基本环节。
（3）了解招标采购的类型和流程。
（4）了解设施布置的原则和类型。
（5）理解经济订货模型与 MRP 模型原理。

#### 能力目标

（1）能够利用需求预测模型进行需求预测。
（2）能够编制招标公告。
（3）能够进行物料需求计划运算。
（4）能够利用鱼骨图分析销售管理问题。

#### 思政目标

（1）培养学生改革创新的时代精神。
（2）激发学生努力学习、报效祖国的爱国情怀。

## 思维导图

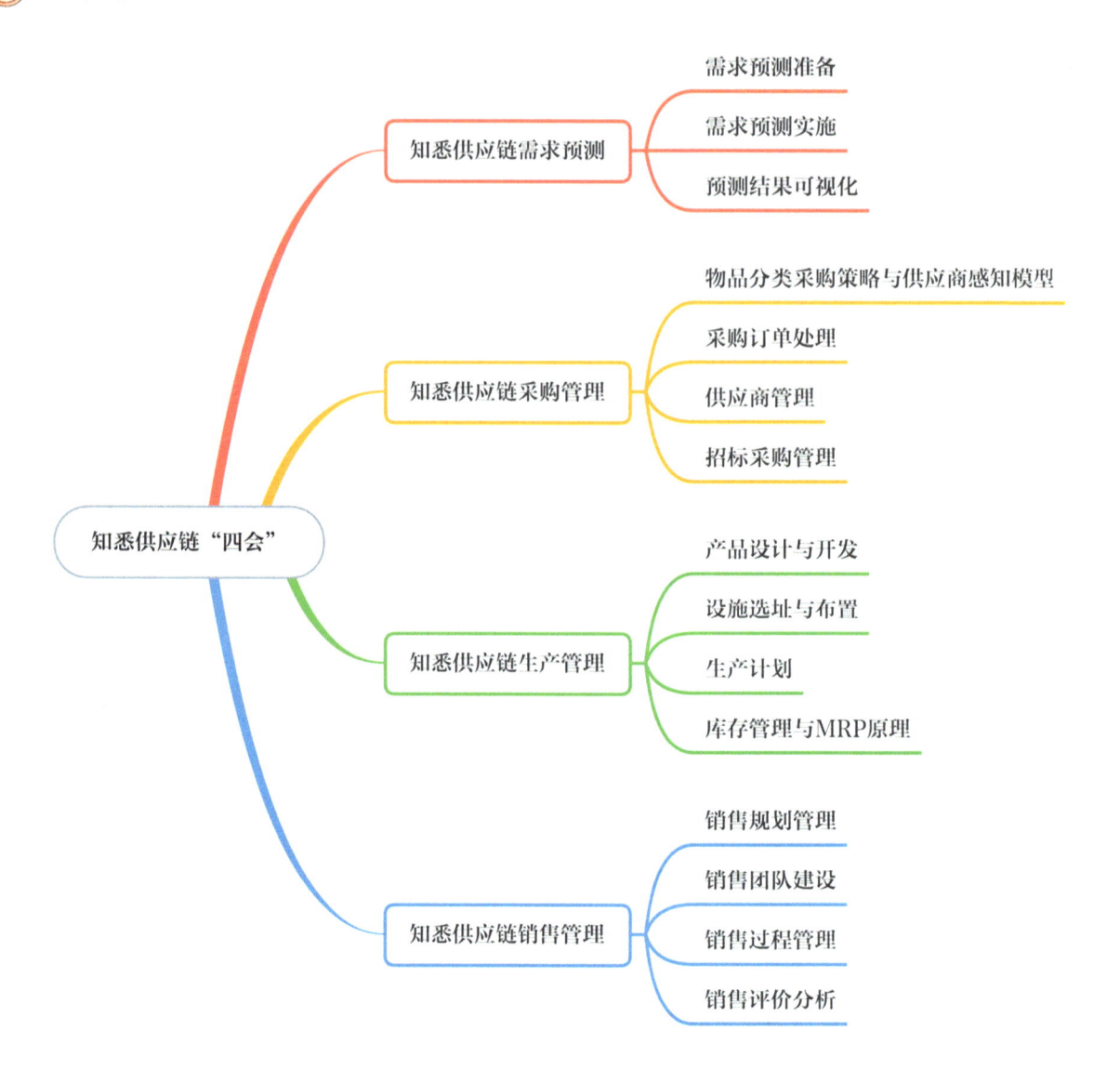

- 知悉供应链"四会"
  - 知悉供应链需求预测
    - 需求预测准备
    - 需求预测实施
    - 预测结果可视化
  - 知悉供应链采购管理
    - 物品分类采购策略与供应商感知模型
    - 采购订单处理
    - 供应商管理
    - 招标采购管理
  - 知悉供应链生产管理
    - 产品设计与开发
    - 设施选址与布置
    - 生产计划
    - 库存管理与MRP原理
  - 知悉供应链销售管理
    - 销售规划管理
    - 销售团队建设
    - 销售过程管理
    - 销售评价分析

## 任务一 知悉供应链需求预测

### 思政活动

京东物流股份有限公司作为一家领先的物流科技公司，深知前置仓需求预测对供应链运作的重要性。以往的需求预测往往基于经验和简单的统计方法，存在着误差和不准确性。为了解决这一问题，北京京东世纪贸易有限公司（以下简称京东）开始利用大数据技术，通过收集和分析海量的供应链数据，建立了复杂的预测模型，并对这些数据进行深入分析和挖掘，发现了隐藏在数据背后的规律和趋势。

利用大数据对前置仓需求进行预测，京东不仅能够预测整体的前置仓需求，还能够根据不同的地区、产品和季节等因素进行细分预测，准确预测需求峰值和低谷，合理规划仓库容量和库存水平，降低了仓储成本和运输成本。同时，京东还准确预测了产品的销售量和时间，提前采购和生产，避免了库存积压和缺货的问题，提高了客户满意度。

## 任务描述

某企业速冻食品 2021—2023 年的销售量逐年递增，请根据 2021—2023 年每个季度的销售数据（见表 6-1），使用"季节指数+趋势预测销售量"模型，预测 2024 年 4 个季度的销售量。

表 6-1　某企业速冻食品 2021—2023 年每个季度的销售量

单位：万箱

| 2021 年 ||||  2022 年 |||| 2023 年 ||||
|---|---|---|---|---|---|---|---|---|---|---|---|
| 第一季度 | 第二季度 | 第三季度 | 第四季度 | 第一季度 | 第二季度 | 第三季度 | 第四季度 | 第一季度 | 第二季度 | 第三季度 | 第四季度 |
| 3279 | 1834 | 2656 | 4665 | 3426 | 1974 | 2898 | 4962 | 4176 | 2213 | 3273 | 5864 |

任务注意事项：

（1）季节指数=单季度平均值/总季度平均值（注：单季度平均值为 3 年中相同季度的平均值，总季度平均值=SUM（单季度平均值）/4）。

（2）趋势预测销售量是基于消除季节指数后的销售量，根据一元线性回归方法进行测算的结果。

（3）销售量预测值=趋势预测销售量×季节指数。要求：在计算过程中，销售量取整数，季节指数保留两位小数，计算结果均四舍五入。

## 岗前培训

供应链需求预测的一般步骤如图 6-1 所示。

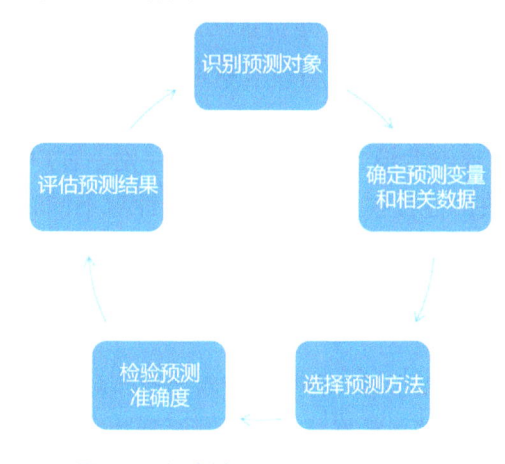

图 6-1　供应链需求预测的一般步骤

### 岗前培训一：需求预测准备

**1. 明确需求预测工具**

预测就是利用历史数据来推断未来的情况。通过预测，企业能够推断未来市场的需求，并以此为基础提前制订生产、采购计划等。目前，需求预测基本的方法论是"从数据开始，由判断结束"，在识别预测对象的前提下，选择合适的预测方法，分析历史数据，做出基准预测，再根据销售等各方的反馈信息做出适当调整，成为最终的需求预测。需求预测的主要分析方法有分类、回归、聚类分析、关联分析、时序模型、结构优化等。

在商业规模较小的阶段，需求预测可以通过人工完成。但由于当前市场数据的庞大性和复杂性特征，基于个人经验的需求预测的准确度一般较低。

比较基础的需求预测模型可以通过 Excel 来建立。通过 Excel 模拟平均数、指数平滑、线性回归等，可以进行从简单的平均数法到指数分析法的预测，或建立回归分析模型等多种预测。

当需求数据规模较大时，我们可以利用数据库对数据进行管理。通过使用 Python 等编程语言并使用决策树、神经网络分析等方法，我们可以对大量数据进行分析和整理，当选取的需求模型及添加的影响因子合适时，我们可以得到较为准确的需求预测结果。

其他的供应链数据分析工具包括 Hadoop、HPCC、Storm 等。

### 2. 落实预测准备工作

需求预测和需求计划涉及多个部门的数据及执行联动，同时与企业在供应链上的定位有关，因此不同企业在准备工作的细节上有一定差别。一般来说，需求预测主要的组织准备工作有识别预测对象、确定预测变量和相关数据等，需要企业内各部门、供应链上各环节企业进行信息沟通与协作。

### 3. 收集情报资料

常见的数据收集思路有时间序列数据收集和横截面数据收集。时间序列数据是指按时间顺序收集的一串历史数据。时间序列数据包括每周、每月、每季度、每年或任何其他定期间隔的数据，如某产品周度销售量、月度价格波动、年度制造成本等。横截面数据是指在同一时间，不同统计单位相同统计指标组成的数据列。需求预测中使用的横截面数据通常描述从个人、公司、行业或地区收集的数据截面，如 12 月 A 公司的 8 条产品线的不同销售额。

（1）数据的分类和来源。

供应链数据源于产品研发与制造、采购、物流、销售等环节，并伴随着精准的客户细分、采购预测、供应商协同、库存优化、运输路线优化、定价优化、个性商品推荐等价值。不同行业、供应链各环节的企业数据类型有所差异，不同需求种类所需的数据类型也有所不同，常见的需求预测数据如下。

① 市场需求。

由于客户的资产水平、采购或消费模式等方面有一定差别，客户对产品或服务的需求存在差异，所以企业需要对细分客户群的数据进行收集和整理，以便针对不同客户群的需求提供不同的产品服务或应对措施。同时，通过数据分析，由市场渠道获得的数据能够被进一步挖掘，将客户模糊的或潜在的消费需求呈现出来，这对新产品开发具有重要作用。

② 历史销售数据。

通过收集历史销售数据，企业可以了解并分析客户对已有产品和价格的偏好，统计不同产品线之间的总利润差异，调整经营策略。历史销售数据是需求预测模型建立的重要基础，为需求计划提供支撑。

③ 采购数据及库存数据。

采购数据主要包括采购种类、采购数量、采购周期、采购来源等信息。库存数据主要包括库存水平、周转率等物料重要信息。通过对采购数据、库存数据的检测和分析，企业可以掌握物料的消耗水平和需求周期，为提高库存管理水平和资源利用率提供支持。同时，凭借大量的历史数据信息，企业可以对供应商产品的质量、价格及服务等进行事前审核和监控，确立更为合理的供应商评价指标体系，进而选择质量可靠、价格合理、服务优良、信誉良好的供应商。这样，企业不仅可以避免受传统采购方式主观因素的影响，降低采购风险，还能为用户带来更好的体验。

想一想：
- 供应链数据的来源有哪些？
- 企业应该如何将这些数据应用于供应链运营中？

（2）数据的采集与处理。

数据处理主要分为数据采集、数据预处理、数据分析3个阶段。采集到的数据在经过预处理后，先转换成统一标准的数据格式，再用相应的数据分析方法对其进行分析处理并得出结果，最后用可视化技术将结果展现出来。

① 数据采集。

目前，供应链中大数据的来源非常广泛，常用的采集方法有企业内部和外部的管理信息系统、搜索引擎的数据检索工具、各类传感器、RFID及条形码扫描技术等。随着手机和平板电脑等移动终端设备的迅速普及、各类App软件的大量下载和使用，数据采集的数量和精度不断提升。

② 数据预处理。

数据清洗是数据预处理中比较关键的一步，其目的是剔除原有数据中的"脏"数据，提高数据的质量。数据清洗主要解决数据缺失、数据重复、数据异常等问题。缺失值、重复值、异常值有多种处理方式，具体选用哪种方式进行处理，需要根据具体的处理需求和样本数据特点来决定。

缺失值是指样本数据中某个或某些属性的值不全，主要是由于机械故障、人为因素等导致部分数据未能被收集。若对存在缺失值的数据进行分析，则会降低预测结果的准确率。缺失值主要有3种处理思路：删除、填充和插补。

重复值是指样本数据中某个或某些数据记录完全相同。重复值主要有两种处理方式：删除重复值和保留重复值。其中，删除重复值是比较常见的方式，其目的是保留唯一的数据记录，避免重复值通过影响权重等方式干扰数据分析。

异常值是指样本数据中处于特定范围之外的个别值，这些值明显偏离了它们所属样本的其余观测值。异常值产生的原因有很多，包括疏忽或仪器异常等。处理异常值之前，企业需要先辨别这些值是"真异常"还是"伪异常"，再根据实际情况正确处理异常值。异常值的处理方式主要是保留、删除和替换。保留异常值就是对异常值不做任何处理，这种方式通常适用于"伪异常"，即准确的数据；删除异常值和替换异常值是比较常用的方式，其中，替换异常值是使用指定的值或根据算法计算出来的值替换检测出来的异常值。

想一想：供应链数据分析方法包含分类、回归、聚类分析、关联分析、时序模型、结构优化6种，它们适合于什么样的数据？你听说过哪些通过大数据分析提升需求预测水平的案例？

### 🔔 岗前培训二：需求预测实施

#### 1. 选择预测方法

需求预测的方法有很多，彼此之间也有不同之处，大致可以分为定性预测和定量预测两类。其中，定量预测可以为系统决策提供定量的数据支持，被广泛使用，常见的有回归分析法、时间序列分析法等。以下选取两种较为基础的时间序列分析法进行介绍。

想一想：你知道哪些常见的定性预测和定量预测？

（1）移动平均法。

移动平均法是用一组最近的实际数据值来预测未来一期或几期内企业产品需求量、企业产能等的一种常用方法。移动平均法适用于即期预测。当产品需求既不快速增长也不快速下降,且不存在季节性因素,即处于一个相对平稳的状态时,移动平均法能有效地消除预测中的随机波动,效果显著。移动平均法根据预测时使用的各元素的权重不同,可以分为简单移动平均法和加权移动平均法。

① 简单移动平均法(Simple Moving Average,SMA)。

简单移动平均法是用于计算过去一段时期的平均需求的方法,如过去 3 个月或 6 个月的平均需求。具体计算公式如下。

$$SMA_n = \frac{\sum_{i=1}^{n} D_i}{n}$$

其中,$SMA_n$ 为简单移动平均的预测结果,$D_i$ 为过去 $i$ 段单位时间的需求,$n$ 为选取的时间总数。

② 加权移动平均法(Weighted Moving Average,WMA)。

加权移动平均法和简单移动平均法的主要区别是,加权移动平均法会给最近周期的数据分配较高的权重,而给较远周期的数据分配较少的权重。这种方法加入了对实际情况的考量,因此得出的预测结果更加准确。具体计算公式如下。

$$WMA_n = \frac{\sum_{i=1}^{n} w_i A_i}{\sum_{i=1}^{n} w_i}$$

其中,$WMA_n$ 为简单移动平均的预测结果,$D_i$ 为过去 $i$ 段单位时间的需求,$n$ 为选取的时间总数,$w_i$ 为每个时间段的权重数。

(2)指数平滑法。

指数平滑法是生产预测中常用的一种方法,它也用于预测中短期经济发展趋势,在所有的预测方法中,它是用得最多的一种。指数平滑法以上一周期的预测和上一周期的实际需求作为基础,引入权重因子,即平滑常数(Smoothing Constant),计算下一周期的预测数据。平滑常数用希腊字母 $\alpha$ 表示,取 0~1 之间的数字。

具体计算公式如下。

$$F_t = F_{t-1} + \alpha \left( A_{t-1} - F_{t-1} \right)$$

其中,$F_t$ 为指数平滑法的 $t$ 期的预测结果,$F_{t-1}$ 为 $t-1$ 期的预测结果,$A_{t-1}$ 为 $t-1$ 期的实际需求,$\alpha$ 为平滑常数。

### 2. 预测模型的构思与确立

对于上述两种预测方法,分别有对应的预测模型的构建方法。

(1)移动平均法。

在移动平均法中,通常依照样本数及经验选取平均的期数 $n$。对于加权移动平均法中数据的权重,同样具有一定的经验性。一般来说,近期的数据更大,而远期的数据更小,通常可以按照自然数的序列进行权重的选取。

(2)指数平滑法。

在第一次使用指数平滑法进行预测时,由于没有前一期指数平滑法的预测结果,所以可以选用前几期的平均值作为前一期的预测结果,通常选用前 3 期。在指数平滑法的计算中,平滑常数 $\alpha$ 的取值较为重要。一般来说，如果数据波动较大，$\alpha$ 值就取大一些，可在 0.3～0.7 之间选取，这样可以增加近期数据对预测结果的影响；如果数据波动平稳，$\alpha$ 值就取小一些，可在 0.05～0.2 之间选取，这样可以增加远期数据对预测结果的影响。

### 3. 数据运算与预测

根据以下步骤，企业可以进行数据运算与预测。

（1）根据已有的数据情况，选取适当的预测方法。

（2）根据预测方法及数据的分布情况，构建恰当的预测模型。

（3）通过模型数据运算，给出预测结果。

## 岗前培训三：预测结果可视化

采集的数据在经过大数据分析处理后，可以用可视化技术将结果展现出来。随着数据量的增大及用户对数据分析维度的增加，传统的以文本形式输出的数据展示方式已不能满足数据用户的需求，"数据可视化技术"的出现，使用户可以很形象地获得数据分析结果，对结果的理解和接受也更直观。常见的数据可视化技术有基于集合的可视化技术、基于图表的可视化技术、基于图像的可视化技术等。

大多数人对于数据可视化的第一印象通常停留在各种图表，如 Excel 图表模块中的柱状图、折线图及各类统计图表的组合。然而，图表只是数据可视化的具体体现，数据可视化实际上是一个以数据流向为主线的完整流程。在这个过程中，数据流经过一系列处理并得到转化，而用户可以通过可视化结果直观地获取更丰富的信息和灵感。

### 1. 确定数据可视化的主题

需求预测或其他供应链数据进行可视化，首先需要确定数据呈现的主题。整张数据可视化报表要围绕中心主题展开，并且要将重要的图表放在显眼位置。如果一张报表上堆砌了多个主题，就容易显得杂乱无章。数据可视化主题可以围绕某一具体问题或某项业务、战略目标展开，如公司销售情况的展示、地区医疗水平的统计。

### 2. 提炼数据可视化数据

确定了可视化主题，就需要收集、筛选、整理、组织相应的数据来完成数据可视化计划。

（1）确定数据指标。

分析和评估一项业务的经营现状通常会从不同的角度来进行，这就意味着存在不同的衡量指标。同样一个业务问题或数据，因为思考角度和组织方式不同，会得出截然不同的数据分析结果。

例如，要展示全年需求预测结果，有人想了解总需求量，有人想知道季节波动，有人想知道市场需求在不同产品线之间的分配等。

拿起数据就开始画图，会让整个数据可视化作品没有重点且杂乱无章，用战术上的勤劳来掩盖战略上的懒惰，最终的呈现效果一般不理想。

（2）明确数据关系。

基于不同的分析目的，所关注的数据之间的相互关系也截然不同，这一步实质上是在进行数据指标的维度选择。

例如，要展示需求预测结果，有人希望知道各个省份的需求分布情况，有人想了解一年内的市场需求波动情况，还有人想了解近几年市场需求在各产品线之间的分配变化，即哪些产品的需求量大却增长缓慢，哪些产品的市场刚刚打开却需求猛增；这里的省份（地理因素）、年份（时间因素）、产品线等，都是观察需求量这个指标的不同维度。

通常，数据之间的相互关系如表 6-2 所示。

表 6-2 数据之间的相互关系

| 关系的种类 | 特点及应用 |
| --- | --- |
| 趋势型关系 | 通常研究的是某一变量随另一变量的变化趋势，常见的有时间序列数据的可视化 |
| 对比型关系 | 对比两组或者两组以上的数据，通常用于进行分类数据的对比 |
| 比例型关系 | 数据总体和各个构成部分之间的比例关系 |
| 分布型关系 | 展现一组数据的分布情况，如描述性统计中的集中趋势、离散程度、偏态与峰度等 |
| 区间型关系 | 显示同一维度上值的不同分区差异，常用来表示进度情况 |
| 关联型关系 | 用于直观表示不同数据之间的相互关系，如包含关系、层级关系、分流关系、联结关系等 |
| 地理型关系 | 通过数据在地图上的地理位置，来展示数据在不同地理区域上的分布情况，根据空间维度不同，通常分为二维地图和三维地图 |

（3）确定核心指标。

确定了要展示的数据指标和维度之后，接下来就要对这些指标进行重要性排序了。因为对于一个可视化展示的终端设备来说，其屏幕大小有限，且用户的时间有限，用户的注意力也容易分散。如何让用户在短时间内更有效率地获取重要信息，这是评估一个可视化产品好坏的重要因素。

想一想：

在进行可视化设计之前，要明确以下两个问题。

- 如果整个版面只能展示一个重要信息，你希望是什么？
- 你希望展示这些信息的理由是什么？

### 3. 确认数据可视化图表类型

（1）常见数据可视化工具。

常用的动态可视化工具主要有 Power BI、Tableau、ECharts、Flourish、Python 等。Tableau 使用简单，可以快速搭建数据系统，可视化功能完备。ECharts 和 Flourish 可以轻松制作动态可视化数据，且 Flourish 可以直接在浏览器上制作图表，十分方便。Python 作为数据科学领域的专业编程语言，可以通过调用各种动态可视化库，高定制化地完成各种展示。除了这些专业工具，基础的数据可视化工作还可以通过 Excel 或 WPS 的内置图表完成。

（2）数据关系与适用图表的对应关系。

数据之间的相互关系，决定了可采用的图表类型。常见的数据关系与适用图表的对应关系如图 6-2 所示。

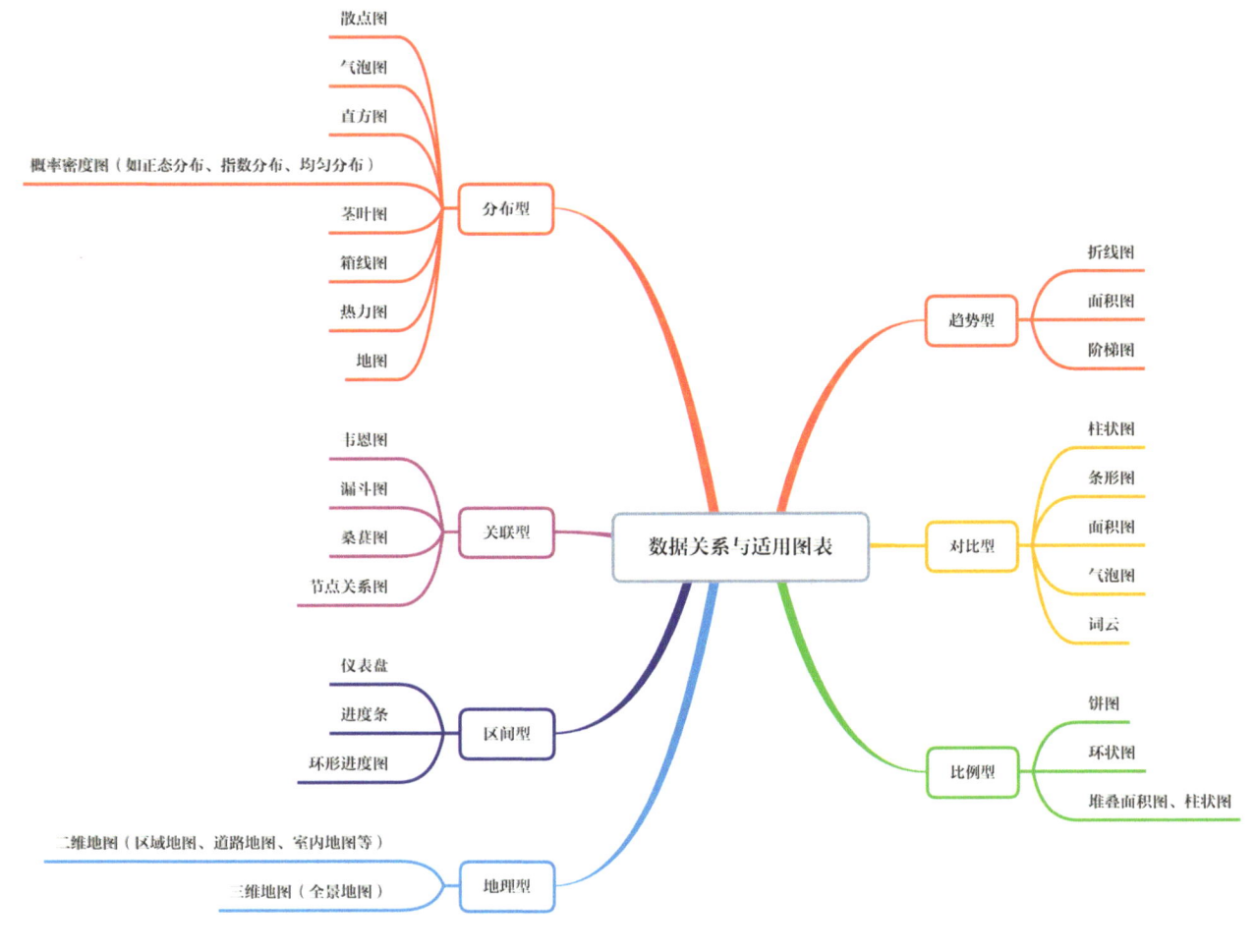

图 6-2　常见的数据关系与适用图表的对应关系

尽管不同的图表都能够呈现某一种或多种数据关系，但呈现效果各有优劣，且受到实际数据特征的影响。在工作中，我们要根据使用场景和数据特征来挑选图表，以呈现更好的数据可视化效果。

（3）可视化看板数据呈现遵循的原则。

可视化看板数据呈现遵循 3 个原则：一是聚焦，通过适当的排版，凸显核心数据信息，提升信息解读效率；二是平衡，要合理利用看板空间，确保在凸显重要信息的前提下将不同元素平衡分布，提升设计美感；三是简介，强调突出重点，避免出现影响数据呈现效果的冗余元素。

### 任务执行

某速冻食品生产企业年初需要制订该年度的销售计划，提前对市场需求进行预估。现需要你利用原有历史数据，使用适当的模型进行需求预测分析，并提交预测报告。

**步骤一：需求预测准备**

请回答以下引导问题，完成需求预测准备工作。

引导问题一：市场需求预测的作用与目的是什么？

引导问题二：哪些方面的组织工作需要提前落实？如何准备？

引导问题三：在收集预测所需的情报资料时应借助哪些工具与渠道？

引导问题四：如何对所收集的资料进行整理与筛选？

### 步骤二：需求预测实施与交付

请回答以下引导问题，并完成预测方法选取、模型构建、数据运算及结果验证与交付等任务。

引导问题一：市场需求预测方法有哪些？不同预测方法适合哪种预测需求？

引导问题二：常见的需求预测方法的模型如何构建？（移动平均法、指数平滑法等）

引导问题三：如何借助 Excel 完成数据运算？（移动平均法、指数平滑法）

引导问题四：预测方法与模型评价标准有哪些？预测结果如何验证？

_____

_____

_____

引导问题五：如何根据实际需要，对原有市场需求预测方法与模型进行优化？

_____

_____

_____

需求预测结果验证与交付（见表6-3）。

表 6-3 需求预测表

| 年 份 | 季 度 | 季 节 指 数 | 预测销售量 |
|---|---|---|---|
| 2024年 | 第一季度 | | |
| | 第二季度 | | |
| | 第三季度 | | |
| | 第四季度 | | |

评分标准：预测结果偏差允许范围在±5%以内，超出偏差允许范围，该空得0分，在允许偏差以内，按比例得分。每个空满分为5分，任务总分为40分。

## 任务评价

在完成上述任务后，教师组织进行三方评价，并对学生的任务执行情况进行点评。学生填写任务评价表（见表6-4）。

表 6-4 任务评价表

| 任 务 | | | 评 价 得 分 | | | |
|---|---|---|---|---|---|---|
| 任务组 | | 成员 | | | | |
| 评价标准 | 评价任务 | 分值（分） | 自我评价（20%） | 他组评价（30%） | 教师评价（50%） | 合计（100%） |
| | 回答需求预测准备环节相关引导问题 | 30 | | | | |
| | 回答需求预测实施与交付环节相关引导问题 | 30 | | | | |
| | 填写需求预测表 | 40 | | | | |
| | 合计 | 100 | | | | |

## 任务二 知悉供应链采购管理

### 思政活动

2008年，部分食用三鹿集团生产的奶粉的婴儿被发现患有肾结石，随后在其奶粉中发现化工原料三聚氰胺。三聚氰胺事件发生后，曾以18.26%的市场份额领跑国内奶粉市场的乳业巨头三鹿集团随之陨落，全行业陷入质量泥沼。受此牵连，包括伊利、圣元、雅士利在内的国产奶粉企业遭遇业绩危机。

后调查发现此次事件，究其根源，是三鹿集团自身内部控制缺失的体现。三鹿集团缺乏内部控制理念和制度，原材料采购循环内部控制的缺失导致其无法及时发现奶粉及乳制品的产品质量问题。

### 任务描述

人马网络科技有限公司因业务需求要采购电子白板触控一体机，项目总预算为3 894 000元（人民币）。一体机自合同签订之日起30日内采用自提的方式交付采购人并安装调试验收完成；质保期为3年，自供货并安装调试验收完毕之日起计算；项目分3期支付货款，首付为合同总金额的15%，验收合格后支付合同总金额的75%，质保期满支付合同总金额的10%。价格为含税价，税率为13%。

项目由银河招投标代理有限公司组织公开招标。

投标人应于2024年3月29日至2024年4月8日在福建省福州市鼓楼区鼓楼大道××号线下采购文件[该文件售价：200元（人民币）]，并于2024年4月9日15点30分（北京时间）前递交投标文件。项目将于2024年4月10日15点00分（北京时间）在福建省福州市鼓楼区鼓楼大道××号进行开标。

项目负责人为银河招投标代理有限公司采购部门的伍先生，联系电话：××××××××××，如有任何问题可向该项目负责人进行咨询。

请同学们根据以上材料，为人马网络科技有限公司编制一份招标公告。

### 岗前培训

#### 岗前培训一：物品分类采购策略与供应商感知模型

**1. 物品分类采购策略**

根据采购的重要性，不同的商业需求对于采购决策具有不同的优先级。根据优先级对企业的采购组合进行划分，企业在进行采购时，对不同的产品要采取不同的采购策略。企业应根据产品采购的金额、价值与能找到的合格供应商数量进行组合分析，综合评价每一个品项的优先级别，可以把采购的产品分成四大类：一般产品、杠杆产品、瓶颈产品和关键产品。供应定位模型可以被划分为4个象限，每个象限都代表了适合于不同特征、供应策略和供应关系类型的采购品项。将采购物品分别放入四象限后制成图，就可以非常方便地根据不同物品来确定相应的采购策略，如图 6-3 所示。

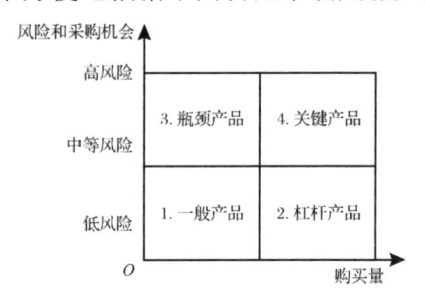

图 6-3 采购物品四象限策略

### 2. 供应商感知模型

供应商对采购方业务的看法与采购方未来能够与供应商之间建立的关系类型存在相互联系。在进行供应商评估时，企业应该了解这两者之间的联系。采购方希望建立的契约关系类型也与物品分类存在相互关系。产品类型与供应商感知之间的关系如表 6-5 所示。

表 6-5 产品类型与供应商感知之间的关系

| 产品类型 | 供应商对采购方业务的不同看法 ||||
|---|---|---|---|---|
| | 边 缘 型 | 盘 剥 型 | 发 展 型 | 核 心 型 |
| 一般产品 | 优先级很低的现货采购 | | 长期合同 | |
| 杠杆产品 | | 现货或定期合同 | | 定期合同 |
| 瓶颈产品 | | | 长期合同 | |
| 关键产品 | | | | 合作伙伴 |

🔔 **岗前培训二：采购订单处理**

### 1. 采购订单审核

（1）采购订单样式及内容。

采购订单是采购作业的起点，通常是使用部门、仓储部门、生产部门、采购部门、财务部门等签发的单据。其内容主要记载了所需申请采购物料的名称、规格、料号、申请采购数量、需要日期等，并涵盖了请（申）购、采购、验收 3 种签核流程。采购订单如图 6-4 所示。

图 6-4 采购订单

完整的采购订单中至少应包括以下6项内容。

① 交货方式：交货时间、交货地点、新品交货附带备用零件等规定。
② 验收方式：检查设备、检验费用、不合格品的退换、提前或延迟交货的处理等规定。
③ 罚则：延迟交货或品质不符的扣款、违反合约的处理、取消合约等规定。
④ 品质保证：包修和包换期限、无偿或有偿换修等规定。
⑤ 履约保证：不能按期履行合同需支付违约金等的规定。
⑥ 仲裁或诉讼：买卖双方纷争、仲裁的地点或诉讼的法院等规定。

（2）采购订单审核流程（见图6-5）。

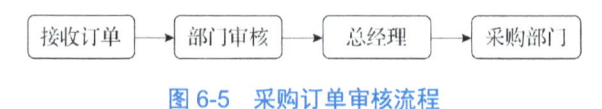

接收订单 → 部门审核 → 总经理 → 采购部门

图6-5 采购订单审核流程

① 公司接到采购订单之后，先交由需求部门审核。
② 由需求部门经理（负责人）进行审核，对申请采购的物品用途、数量、规格等进行审核确认，签字后将采购申请书提交上一级主管领导。
③ 总经理签字批准后，将采购订单交给采购部门，由采购部门进行采购。
④ 采购部门收到经过签字批准的采购订单后，要对采购订单内容进行核对，并对需求部门就采购物品的规格、数量、到货日期进行确认，再根据库存、采购在途等进行订单数量的最终确认，确认好之后进入采购环节。

注意事项：

- 采购部门在接收采购订单时应检查表单是否按照规定填写完整、清晰，检查采购订单是否经过公司领导审批。
- 在接收采购订单时采购部门应遵循无计划不采购、名称规格等不完整清晰不采购、图纸及技术资料不全不采购、库存已超储积压的物资不采购的原则。
- 联系仓库管理人员检查采购物资是否有库存，核对采购台账，确认在途采购的物资是否满足采购申请。
- 对于不符合规定和撤销的采购物资应及时通知申请采购的部门。

**2. 采购订单跟进**

（1）采购订单跟进的定义。

采购订单跟进是指在订单发出后，采购员需要跟踪每个订单的进度，以保证完成企业规定的及自购的订单跟踪任务。

（2）采购订单跟进流程。

采购订单跟进流程如图6-6所示，主要包含5个步骤。

① 跟进工艺文件：了解供应商生产工艺及质量，确保交货产品的质量。
② 跟进原材料：了解原材料的准备情况，确保按时投料生产。
③ 跟进加工过程：了解供应商的生产过程，并掌握生产进度。
④ 跟进组装与检验：掌握供应商产品的检验标准和程序，确保按时交货。
⑤ 跟进包装入库：了解供应商产成品的包装入库情况，确保按时发货。

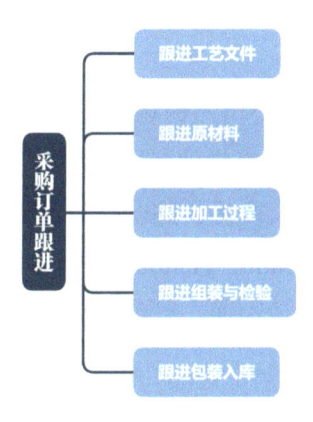

图 6-6　采购订单跟进流程

### 3. 采购订单异常处理

（1）出现采购订单异常的原因。

① 仓库系统库存数据不准确。

仓库应用的信息系统由于流程设计、数据维护等原因导致数据产生很大的偏差，或因精确数据导致订货数据错误。例如，信息系统中设定了安全库存量，但由于仓库报损处理不当、丢失等原因造成安全库存量形同虚设。

② 销售对比与预测失准。

订货量往往只参考历史数据，没有对需求进行动态预测，导致发出的订单异常。

③ 超量订货。

采购人员未能根据实际需求下达订单，导致产生过多的库存。

（2）订单异常情况的分类。

订单异常包括交期异常、品质异常、下单异常、弹性处理和突发异常。订单异常情况的分类如表 6-6 所示。

表 6-6　订单异常情况的分类

| 序号 | 名称 | 含义 |
| --- | --- | --- |
| 1 | 交期异常 | 指物资交期延后或交货数量变更，无法满足生产需要 |
| 2 | 品质异常 | 指供应商在生产过程中发现的品质异常及验收人员发现的品质异常 |
| 3 | 下单异常 | 指由于采购人员的主观因素导致的订单异常 |
| 4 | 弹性处理 | 指原订单客户要求提前交期或变更交付计划等导致的采购异常 |
| 5 | 突发异常 | 指由于不可抗拒的外力因素（如地震、火灾等）或市场原材料严重紧缺等导致的突发情况 |

（3）订单异常的处理方法及流程。

① 应对订单异常的处理方法。

- 厘清订单异常产生的原因。发现订单异常，首先要与采购人员、营运人员就订单异常情况进行沟通，厘清出现订单异常情况的原因。
- 矫正系统信息。误收货物、商品编码发生错误与变更、单据延误处理、丢失等都会导致商品周转指标的偏差。企业要把握好自身环节，避免因自身环节使数据失真。

- 共享物流信息与市场动态信息。

方法一：通过正式或非正式渠道，将公司的销售信息、库存信息、物流配送的流程等情况提供给采购人员、营运人员，创造条件并以提供报告的形式与相关人员对品类销售、库存进行回顾与研究分析；对于新来的采购人员和营运人员，要提供综合信息，以提高他们对销售订货的敏感度。

方法二：开展 S&OP（Sales & Operation Planning，销售与运营计划）会议，多部门之间进行协商，将市场端的活动计划与采购进行有效沟通，以便做出准确预测。

② 订单异常的处理流程。

针对异常情况，一般的处理流程是发现问题、分析问题、处理问题。由于以上 5 类订单异常情况发生的原因及处理措施不完全相同，所以企业应制定订单异常处理管理制度，规范订单异常处理行为。

需要注意的是，企业应将异常处理纳入管理框架，以确保异常处理不失控。

🔔 岗前培训三：供应商管理

### 1. 供应商管理的含义及基本环节

供应商管理是对供应商的了解、选择、开发、控制和使用等综合管理工作的总称。其中，了解是基础，选择、开发、控制是手段，使用是目的。供应商管理的目的是组建一个稳定可靠、高效率的供应商队伍，或者可以称之为供应商基库，为企业提供可靠的物资供应，并提高企业的整体运营效率。供应商管理的基本环节如图 6-7 所示。

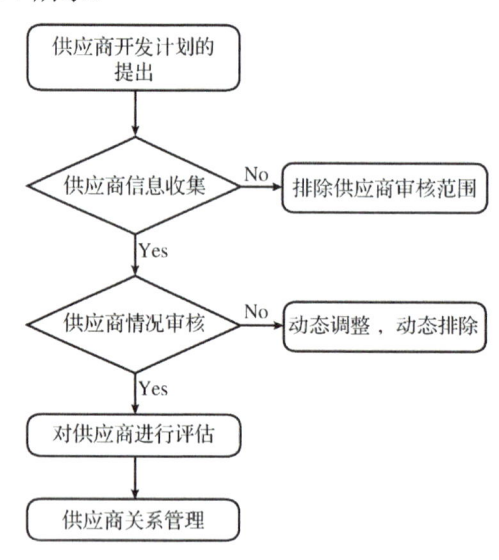

图 6-7 供应商管理的基本环节

（1）供应商开发计划的提出。

根据企业经营计划提出供应商开发计划。

（2）供应商信息收集。

对已有供应商信息的收集和寻找新的供应商信息，主要包括收集供应商的一些基本信息，如市场信誉度、合作的意愿、财务状况、地理位置等。

（3）供应商情况审核。

根据企业制定的审核标准对供应商进行审核、挑选。

(4) 对供应商进行评估。

对供应商进行评估是一项长期工作，它分布在供应商管理的各个阶段，在供应商的选择过程中要进行评估，在供应商的使用阶段也要进行评估，当然，不同阶段的评估内容和形式不完全相同。

(5) 供应商关系管理。

通过与不同供应商的合作，建立不同层次的供应商网络，控制供应商数量，与关键供应商建立长期的合作伙伴关系。

### 2. 供应商信息采集

(1) 供应商信息采集的基本内容。

供应商的信息管理又被称为资质管理，是选择供应商的基础，主要通过掌握相关情况，对供应商的经营理念、服务意识、作业流程进行初步了解，为企业选择合格的供应商打好基础。

一般供应商的基本信息包括公司基本情况（注册资金、组织结构、地理位置、企业文化、技术水平、服务意识、规模、性质、优势等）、各项品质资质证明（ISO 9000、ISO 14000 及各种安全规范认证书等）、产品一览表、产能报告、生产与检验设备一览表、供应商为保证品质所使用的工具、市场信誉度等。

供应商信息采集表如表 6-7 所示。

表 6-7 供应商信息采集表

| 供应商名称 | | | | | | |
|---|---|---|---|---|---|---|
| 概况 | 法人代表 | | | 注册资本 | | |
| | 地址 | | | 邮编 | | |
| | 企业性质 | | | 税号 | | |
| | 开户银行 | | | 账号 | | |
| | 业务联系人 | | | 手机 | | |
| | 电话、传真 | | | 邮箱 | | |
| | 主管副总 | | | 电话 | | |
| | 成立年份 | | | 网址 | | |
| 企业规模 | 固定资产（万元） | 上一年销售额（万元） | 厂房面积（平方米） | 员工人数 | 技术工程师人数 | 质量工程师人数 |
| | | | | | | |
| 管理体系认证证书等企业资质 | | | | | | |
| 主营产品 | 产品种类 | | 规格型号 | 年产量 | | 交货周期 |
| | | | | | | |
| 主要客户、业绩 | 主要客户 | | | 业绩概述 | | |
| | | | | | | |
| 原材料信息 | 主要原材料名称 | | | 供应厂家 | | |
| | | | | | | |
| 主要生产设备 | 生产设备的名称、型号 | | 产能 | 数量 | 品牌 | 使用年限 |
| | | | | | | |
| | | | | | | |
| 主要检测设备 | 检测设备的名称、型号 | | 精度 | 数量 | 品牌 | 使用年限 |
| | | | | | | |

(2)供应商信息采集方法。

供应商的信息来源具有多样性，特别是在数字化时代，可以从不同来源全方位地获得供应商信息，对供应商能够有更为清晰的了解，降低企业在采购过程中可能产生的风险。常见的信息来源如下。

① 各种采购指南收集新供应商的信息。

② 新闻传媒，如电视、广播、报纸等，收集新供应商的信息。

③ 各种产品发布会，收集新供应商的信息。

④ 各类产品展示（销）会，收集新供应商的信息。

⑤ 行业协会、行业或政府的统计调查报告或刊物，收集新供应商的信息。

⑥ 同行或供应商介绍，收集新供应商的信息。

⑦ 公开征询，有供应商主动联络，借此收集新供应商的信息。

⑧ 网上查询。

⑨ 政府公开数据平台，如企业工商登记信息、法律文书信息、行政处罚信息等。

⑩ 供应商网站，针对上市企业，可参考公开发布的各种年报信息。

### 3. 供应商选择

(1)供应商选择的含义。

供应商选择是实施采购的前提，在供应商选择的过程中，首先需要进行供应商评价，而评价的标准决定了供应商选择的绩效。标准包括产品质量、交货期、价格、技术能力、应变能力、批量柔性、交货期与价格的均衡、价格与批量的均衡、地理位置等。在大多数情形下，其他标准较高的供应商，其价格可能较低，即使不是这样的情形，当双方建立互利合作关系后，企业也可以帮助供应商找出降低成本的方法，从而使价格降低。当双方建立了良好的合作关系后，很多工作可以简化甚至省略，如订货、修改订货、点数统计、品质检验等，从而节省时间。

(2)供应商选择的标准。

① 质量。

供应商选择最重要的因素之一是质量。质量通常是指一个用户所期望的产品的规格（如技术规格、物理或化学特性、设计等）。采购人员会将供应商所提供产品的实际质量与用户所希望的规格进行比较。事实上，质量还包括一些其他要素，如产品寿命、维修的便利性、维护要求、使用的便利性及坚固性等。

② 可靠性。

可靠性包括产品性能和交付的一致性。采购商品的可靠性将直接影响最终产品的质量。选择具有较高可靠性的产品或服务能够为采购方带来更大的潜在价值，从而避免由于偏差过大而不得不准备更多额外库存。

③ 风险。

当代具有重大意义的因素是风险。风险发生的一般方式是，购买的产品或服务可能发生变化的成本将会导致更高的价格。风险发生的其他方式包括供应的不确定性和交货期的不正常变化。在这两种情况下，结果可能是购买的产品或服务在需要的时间和地点无法获取，因此，对于产生的额外成本要有适当的对策。

④ 能力。

供应商选择标准的第四个因素是能力，包括潜在供应商的设备能力、技术能力、管理和组织能力及操作控制能力。这些因素决定了供应商的交付能力。采购方对供应商能力的了解能够保障采购活动按照预期进行，而不至于出现因供应商能力不足而"转包"的现象。

⑤ 财务。

稳定的财务状况是供应商长期供货的保障。财务不稳定的供应商可能会在长期、持续的供货过程中发生中断。为最终产品提供关键原材料的供应商可能因破产而中断采购方的生产。

（3）供应商 ABC 分类选择策略。

采购方应对各供应商设定优先次序，这有利于集中精力重点改进并发展比较重要的供应商。供应商分类管理比较简单的方法是将它们分为普通供应商和重点供应商，通常可采用 ABC 分类法对供应商进行分类，如图 6-8 所示。

- A 类供应商：A 类供应商占总供应商数量的 10% 左右，其供应的物资价值占采购方采购物资价值的 60%～70%
- B 类供应商：B 类供应商占总供应商数量的 20% 左右，其供应的物资价值占采购方采购物资价值的 20% 左右
- C 类供应商：C 类供应商占总供应商数量的 60%～70%，其供应的物资价值占采购方采购物资价值的 10%～20%

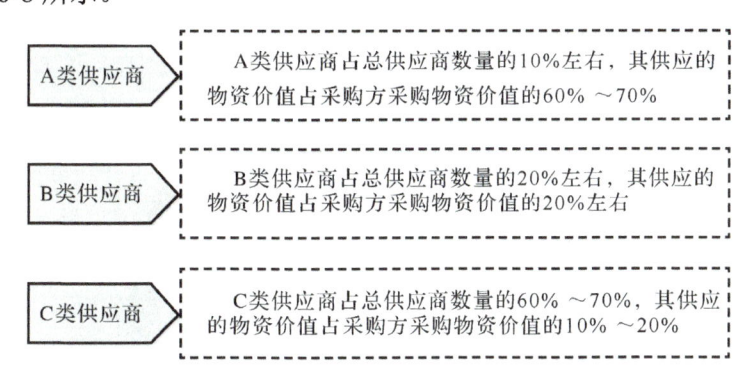

图 6-8　ABC 分类法

供应商分类采购策略如表 6-8 所示。

表 6-8　供应商分类采购策略

| 供应商类别采购策略 | A 类供应商 | B 类供应商 | C 类供应商 | 应删除的供应商 |
|---|---|---|---|---|
| 采购数量 | 增加 | 根据不同的资源战略 | 减少 | 尽可能快速减少 |
| 询价 | 每一次 | 根据需要 | 在已被选出的情况下 | 从不 |
| （战略）伙伴关系 | 是 | 可能是 | 不是 | 不是 |

（4）供应商选择的步骤。

① 分析采购方自身所处的内外环境。
② 成立供应商选择小组。
③ 确定候选供应商名单。
④ 收集供应商的相关信息。
⑤ 逐项评估每家供应商的能力。
⑥ 通过综合分析来确定供应商。
⑦ 建立供应链合作关系。

4. 供应商评价

（1）供应商评价的目的。

采购方进行供应商评价的目的是通过掌握供应商的经营情况，了解供应商的能力和潜力，确保所选的供应商能可靠地满足采购方在质量上、技术上、财务上和商业上的要求，为采购及管理部门进行供应商选择提供依据。

（2）供应商评价 10C 模型。

采购方如何确定供应商会达到所需的标准？通过有效的供应商评价模型进行客观评价是一个可

行的路径。如果做对了，双方就能建立一种持久的、互惠互利的关系。如果做错了，结果可能就是"昂贵的"和"破坏性的"。有时采购方发现一家供应商提供了一个很好的价格，但后来意识到对方产品的质量没有达到自己的期望，或者对方没有让自己及时了解订单的进度。采购方的采购需求与供应商提供的产品或服务不匹配会增加成本、导致延迟，如提供的设备或资源不达标，甚至损害采购方的声誉。

在需要花费大量资金的情况下，或者在需要与供应商建立长期关系的情况下，采购方付出大量精力对供应商进行评估是值得的。当采购方调查一家供应商时，要准备一些探究性的问题，这些问题将体现出采购方做出明智决定的水平。在可能的情况下，采购方要与现有客户及供应商本身进行沟通。供应商评价 10C 模型如图 6-9 所示。

图 6-9 供应商评价 10C 模型

① 竞争能力（Competency）。

竞争能力是指供应商承担所需完成的任务和工作的能力。

② 生产能力（Capacity）。

生产能力是指供应商满足采购方所有需求的生产能力，即供应商能够多快地对采购方的需求、市场和供应波动做出反应。供应商的产能资源包括人员、设备、仓库和可用材料等。

③ 承诺（Commitment）。

承诺是指供应商就质量、效益和服务给予客户的承诺。供应商需要提供证据证明自身致力于高质量标准。在适当的情况下，供应商会寻找相关质量倡议，如 ISO 9001 质量管理体系或六西格玛精益管理实践。

④ 控制（Control）。

控制是指有关库存、成本、预算、人员和信息等方面的控制。供应商要有完善的控制标准，以确保交付的一致性和可靠性。同时，采购方需要了解供应商是否在关键资源上拥有较强的可控性。

⑤ 现金（Cash）。

确保所选定的供应商在财务上是有保障的，且能持久地开展业务并预期未来的相关合作。供应商必须财务状况良好，资金充裕的供应商在经受经济的起起落落方面能处于更有利的地位。

⑥ 成本（Cost）。

供应商在承诺产品的质量或服务时要控制自身成本，一个具有成本优势的供应商会有更好的利润空间，并且能够应对市场激烈的竞争环境。

⑦ 一致性（Consistency）。

供应商的产品或服务质量具有较高的一致性水平，这应通过标准化的生产流程加以控制，只有在全过程中有较为可靠的质量控制标准，才能确保产品或服务在高一致性的基础上不断提升水平。

⑧ 文化（Culture）。

供应商的文化是具有长期竞争力的重要基础，采购方需要了解供应商的文化基因与自身之间的契合度，具有较高契合度的合作模式能够为双方带来更大的收益。企业的文化是价值观的重要体现，如果采购方需要与供应商建立较为长期的合作关系，则需要更加重视文化因素的影响。

⑨ 清洁（Clean）。

清洁是指供应商对可持续性的承诺，以及对环境法律和最佳实践的遵守。供应商需要通过持续地投资低碳化发展方式获得长期的持续竞争力，降低环境代价。

⑩ 沟通（Communication）。

沟通是指供应商与客户的沟通方式及沟通的制度体系。在发生危机时，供应商能够与客户实现高效沟通，能够有效降低沟通成本，减少损失。

（3）供应商评价的关键绩效指标。

传统意义上对供应商评价的关键绩效指标（Key Performance Indicator，KPI）有价格、质量和交货时间。诚然，这些对供应商的评价仍是最基本的，而新发展起来的如JIT（Just in Time，准时生产方式）、精益生产制造、集成供应链和电子采购，构成了对供应商关系及其重要因素的比较完整的评价。

实际上，在评价供应商时所用到的KPI的数目是没有上限的，生产商可以依据自身的具体情况，按照对不同原材料的实际要求限定关键绩效指标。根据调查，排名前10位的评价准则及该类别中评价项目的数目、调查时被提及的频率和重要性的相对等级如表6-9所示。

表6-9 评价准则及该类别中评价项目的数目、调查时被提及的频率和重要性的相对等级

| 评 价 准 则 | 该类别中评价项目的数目 | 调查时被提及的频率(%) | 重要性的相对等级 |
| --- | --- | --- | --- |
| 质量和过程控制 | 566 | 24.9 | 1 |
| 持续改进、不断提高 | 210 | 9.2 | 2 |
| 设施环境 | 188 | 8. | 2 |
| 客户关系 | 187 | 8.2 | 2 |
| 送货 | 185 | 8.1 | 2 |
| 库存和仓库 | 158 | 7.0 | 2 |
| 订货 | 132 | 5.8 | 2 |
| 财务状况 | 126 | 5.5 | 2 |
| 资质 | 81 | 3.6 | 3 |
| 价格 | 81 | 3.6 | 3 |

资料来源：肯尼斯和布莱恩所著的《采购与供应链管理》（第8版）

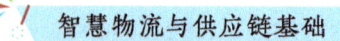

## 岗前培训四：招标采购管理

### 1. 招标采购认知

（1）招标采购概述。

招标采购是指招标人（采购方）发出采购招标公告或通知，邀请投标人（潜在供应商）投标，最后由招标人对投标人提出的价格、质量、交期、技术和生产能力、财务状况等因素进行综合比较和分析，确定比较合适的投标人作为中标人，并与之签订供货合同的整个过程。

招标采购是在众多供应商中选择最佳供应商的有效方法，体现了公平、公开和公正的原则。招标采购的主要特点是程序规范、公开性、一次成交。

适用范围：一是一般适合比较重要和影响较大的项目；二是适合长期物资供应的项目，其采购数量和金额较大。

对于小批量物资采购和比较小的项目，则不宜采用招标采购的方法。

（2）招标采购的种类。

① 公开招标。

公开招标，又叫竞争性招标，是指由招标人在国家指定的报刊、信息网络或其他媒体上发布招标公告，邀请不特定的企业单位参加投标竞争，招标人从中选择中标单位的招标方式。

② 邀请招标。

邀请招标也被称为有限竞争性招标或选择性招标，是指由招标单位选择一定数目的合格企业（一般选择3～10家企业参加较为适宜），向其发出投标邀请书，邀请他们参加投标竞争。

公开招标与邀请招标的区别如表6-10所示。

表6-10　公开招标与邀请招标的区别

| 内　　容 | 公　开　招　标 | 邀　请　招　标 |
| --- | --- | --- |
| 发布信息的方式 | 用公告的形式发布 | 用投标邀请书的形式发布 |
| 选择的范围 | 针对潜在的、对招标项目感兴趣的供应商，事先不知道投标人的数量 | 针对已经了解的供应商，而且事先已经知道投标人的数量 |
| 竞争的范围 | 所有符合条件的供应商都有机会参加投标，竞争的范围较广，竞争性体现得也比较充分，拥有绝对的选择余地，容易取得最佳招标效果 | 数量有限，竞争的范围有限，招标人拥有的选择余地相对较小，不容易取得最佳招标效果 |
| 公开的程度 | 所有的活动必须严格按照预先指定并为大家所知的程序标准公开进行，大大降低了作弊的可能性 | 公开程度差一些 |
| 时间和费用 | 公开招标的程序比较多，从发布公告、投标人做出反应、评标，到签订合同，有许多时间上的要求，要准备许多文件，因而耗时较长，费用也比较高 | 由于邀请招标不发公告，招标文件只送几家，所以整个招投标的时间大大缩短，招标费用也相应减少 |

### 2. 招标采购流程

（1）招标策划。

招标采购是一项复杂工程，涉及范围很广，需要企业进行周密的策划，主要内容包含以下4个方面。

① 明确招标的内容和目标，对招标采购的必要性和可行性进行充分的研究和探讨。

② 确定招标书的标底，对标底进行仔细研究。

③ 对招标方案、招标时间进度、评标方法、评标小组进行讨论和研究。

④ 形成招标文件，交由企业领导层讨论决定，取得企业领导决策层的同意和支持，对于重大项目招标可能还要经过公司董事会的同意和支持。

（2）招标。

在招标方案得到公司领导的同意和支持后，进入招标实际操作阶段。

① 发布招标公告。

通过国家指定的报刊、信息网络或者其他媒体发布招标公告。在招标公告中载明下列事项：招标人的名称和地址，招标项目的性质及数量，招标项目的地点及时间要求，获得招标文件的办法、地点及时间，其他事项。

② 现场考察或答疑。

如果是采购设备或服务，那么工作相对简单，可以省略组织潜在投标人现场考察或开标前的答疑会的环节。

③ 报名登记。

根据招标公告规定的投标资格、报名要求，在招标公告限定的时间内对投标供应商进行资格预审、报名登记。

④ 资格审查。

根据招标公告规定，对投标人的资格进行审查。

⑤ 招标书发送。

通过资格审查的投标人，现场售卖纸质和电子版招标书。也可以通过线上审核，线上提供电子版招标书。

（3）投标。

投标人按照招标文件的要求编写投标文件。投标文件应在规定的截止日期前密封并送到投标地点，过时的将不予受理并退还，收到的投标书应签收备案。

（4）开标。

开标是指在投标人提交投标文件后，招标人依据招标文件规定的时间和地点开启投标人提交的投标文件，公开宣读投标人的名称、投标价格及其他主要内容的行为。

开标前，招标人应以公开的方式检查投标文件的密封情况。开标时，对于投标中含义不明确的内容，投标人可以拿着自己的投标书当着评标小组的全体成员陈述自己的投标书，并且接受质询，甚至参加投标辩论。

允许投标商进行简要解释，允许但所进行的解释不能超过投标记载的范围，或实质性地改变投标文件的内容。以电传、电报方式投标的，不予开标。

参加开标的人员主要包含工作人员、监督人员、唱标人员、招标人代表、所有投标工作人员。开标要做开标记录，如项目名称、招标号、刊登招标通过的日期、发售招标文件的日期、购买招标文件单位的名称、投标单位名称、投标报价、截标后收到标书的处理情况等。

（5）评标。

招标人或招标中介机构负责组建评标委员会，可从评标专家库中随机抽取专家组成评标委员会。

评标委员会的成员根据招标书提供评标方法及专业素养，各自独立进行评标。

（6）定标。

招标人根据评标委员会的书面评标报告和推荐的中标候选人的排列顺序确定中标人。公示后，招标人与中标单位签订合同。

招标人对相关材料进行归档整理，最终完成这个项目的招标采购任务。

### 3. 制定招标方案

招标方案是招标人为了有效实施工程、货物和服务招标，通过分析和掌握招标项目的技术、经济、管理和特征，以及招标项目的功能、规模、质量、价格、进度等需求目标，依据有关法律法规、技术标准和市场竞争状况，针对一次招标组织实施工作（即招标项目）的总体策划。招标方案是科学、规范、有效地组织实施招标采购工作的必要基础和主要依据。

（1）招标文件的编制准备。

招标文件的编制准备工作包括招标策划和选用适当的招标文件模板。

① 招标策划。

招标策划是对开展招标活动的事先计划和准备，是确保招标与投标活动质量的基础和保障。因此，招标文件编制前应先进行策划工作。招标策划工作的内容包括落实招标条件、调研潜在投标人、研究同类项目的招标经验、分析标包划分及采购要求、拟定评标办法、编制招标进度计划。

② 选用适当的招标文件模板。

对于依法必须进行招标的工程建设项目，应选用中华人民共和国国家发展和改革委员会发布的《标准设备采购招标文件》《标准材料采购招标文件》《标准设计招标文件》《标准监理招标文件》等标准招标文件。对于非依法必须进行招标的项目，可以使用上述文本，也可以使用招标人自己制订的招标文件。

（2）招标文件编制。

招标文件一般由招标公告或投标邀请书、投标人须知、评标办法、合同条款及格式、技术要求、供货要求或发包人要求、投标文件格式等组成。招标文件的编制应符合《中华人民共和国招标投标法》及其配套规范的要求，招标文件的内容应完整，文字的表述应严谨，避免出现前后不一致、条款存在歧义或重大漏洞等问题。

在编制招标文件时要特别注意以下几个方面。

① 所有采购的货物、设备或工程的内容，必须详细说明，以构成竞争性招标的基础。

② 制定技术规格和合同条款不应造成对有资格投标的任何供应商或承包商的歧视。

③ 评标的标准应公开、合理，对偏离招标文件另行提出新的技术规格的标书的评审标准更应切合实际，力求公平。

④ 周密严谨。招标书是签订合同的依据，是一种具有法律效力的文件，内容和措辞都要周密严谨。

⑤ 简洁清晰。招标书没有必要长篇大论，只要对所要求的必要内容进行介绍，突出重点即可。

⑥ 符合本国政府的有关规定，如有不一致之处要妥善处理。

（3）招标文件的校对与审核。

为了确保招标文件的质量，招标人应当构建"编制—校对—审核"的三级质量管控体系。

① 招标文件校对。

招标文件按照上述要求编制完成后，应提交给校对人进行校对，校对的重点内容包括招标文件中涉及的招标项目概况、项目名称、招标范围、时间期限、资格条件、评标办法、合同条款及格式、技术要求、投标文件格式等内容，确认这些内容与招标人提交的相关资料、信息是否相符合；招标文件中是否存在文字、格式等方面的错误。

② 招标文件审核。

招标文件的编制人员对校对过程中发现的错误或缺漏进行修改后，应提交给审核人进行审核，审核的重点内容包括招标文件中涉及的时间期限、资格条件、评标办法等是否满足现行法律法规的要求、是否与招标项目的具体特点和实际需求相适应、是否完整齐全且满足投标人编制投标文件的需求、校对过程中提出的问题是否按要求认真处理。

### ✂ 任务执行

人马网络科技有限公司（地址：福建省漳州市芗城区城南路××号，×××××××××××）因业务需求要采购649套MXS69智能会议平板交互电子白板触控一体机，本项目总预算为3 894 000元（人民币）。采购需求：本项目为人马网络科技有限公司2024年第一批采购计划，自合同签订之日起30日内采用自提的方式交付采购人并安装验收完成；产品质保期为3年，自供货并安装调试验收完毕之日起计算；本项目分3期支付货款，首付为合同总金额的15%，验收合格后支付合同总金额的75%，质保期满支付合同总金额的10%。价格为含税价，税率为13%。

银河招投标代理有限公司（地址：福建省福州市鼓楼区鼓楼大道××号，0591-×××××××）受人马网络科技有限公司委托，现对人马网络科技有限公司2024年第一批采购计划（项目编号：××××××××20243294）组织公开招标，现欢迎国内合格的供应商前来参加。

人马网络科技有限公司2024年第一批采购计划的潜在投标人应于2024年3月29日至2024年4月8日在福建省福州市鼓楼区鼓楼大道××号线下采购文件[该文件售价：200元（人民币）]，并于2024年4月9日15点30分（北京时间）前递交投标文件。该项目将于2024年4月10日15点00分（北京时间）在福建省福州市鼓楼区鼓楼大道××号进行开标。

该项目负责人为银河招投标代理有限公司采购部门的伍先生，联系电话：××××××××××××，如有任何问题可向该项目负责人进行咨询。

请根据以上背景材料完成招标公告编制。

#### 步骤一：招标公告的编制准备

请回答以下引导问题，完成招标公告编制的准备工作。

引导问题一：在编制招标方案前，需要做好哪些准备工作？

_____

_____

_____

引导问题二：如何收集编制招标公告所需的资料情报，可借助什么渠道收集？

_____

_____

_____

### 步骤二：提炼招标公告的关键信息

请根据背景材料，回答以下引导问题，提炼招标公告的关键信息。

引导问题一：说一说该招标项目的概况（具体写明招标项目的名称及招标项目的主要情况）。

_____

_____

_____

引导问题二：该招标项目的招标范围（具体写明本次招标采购的内容）。

_____

_____

_____

引导问题三：该招标项目的投标人资格要求。

_____

_____

_____

引导问题四：招标时间如何安排（写明招标的起止日期，投标人购买招标文件的时间、价格和方式，开标的时间和地点）？

_____

_____

_____

_____

### 步骤三：填写并编制招标公告

# 招标公告

### 一、项目基本情况

1. 项目编号：_____
2. 项目名称：_____
3. 招标方式：_____
4. 预算金额：_____元（人民币）
5. 产品名称：_____
6. 产品数量：_____单位：_____
7. 采购产品质保期要求：_____年
8. 采购付款要求：分3期支付货款，首付合同总金额的_____%，验收合格后支付合同总金额的_____%，质保期满支付合同总金额的_____%。价格为含税价，税率为_____%。
9. 产品交付及验收要求：合同签订后_____日内完成产品交付和验收工作。

10．产品交付方式：采用_____的方式。

11．本项目不接受联合体投标。

### 二、申请人的资格要求

1．满足《中华人民共和国政府采购法》第二十二条的规定。

2．本项目的特定资格要求：

- 在中华人民共和国境内注册，能够独立承担民事责任，有生产或供应能力的本国供应商，包括法人、其他组织、自然人。
- 遵守国家有关法律、法规、规章和政府采购有关的规章，具有良好的商业信誉和健全的财务会计制度。
- 具有履行合同所必需的设备和专业技术能力。
- 有依法缴纳税金和社会保障资金的良好记录。
- 参加政府采购活动前3年内，在经营活动中没有重大违法记录。
- 供应商不能被列入"信用中国"网站和中国政府采购网失信被执行人、重大税收违法案件当事人名单、政府采购严重违法失信行为记录名单。
- 向采购代理机构购买招标文件并登记备案。
- 不接受联合体投标，本项目不允许分包、转包。
- 本项目允许代理商投标。

### 三、获取招标文件

1．时间：_____至_____，每天上午9:00至11:30，下午13:30至17:00。（北京时间，法定节假日除外）

2．地点：_____

3．方式：_____获取

4．售价：_____元（人民币）

### 四、提交投标文件截止时间、开标时间和地点

1．提交投标文件截止时间：_____（北京时间）

2．开标时间：_____（北京时间）

3．地点：_____

### 五、公告期限

自本公告发布之日起9日内。

### 六、对本次招标提出询问，请按以下方式联系。

1．采购人信息

- 名称：_____
- 地址：_____
- 联系方式：_____

2．采购代理机构信息

- 名称：_____
- 地址：_____
- 联系方式：_____

## 3. 项目联系方式

- 项目联系人：＿＿＿＿＿＿＿＿＿＿＿＿＿＿＿＿＿＿＿＿＿＿
- 电话：＿＿＿＿＿＿＿＿＿＿＿＿＿＿＿＿＿＿＿＿＿＿＿＿＿＿

### 任务评价

在完成上述任务后，教师组织进行三方评价，并对学生的任务执行情况进行点评。学生填写任务评价表（见表6-11）。

表6-11 任务评价表

| 任 务 | | 评 价 得 分 | | | | |
|---|---|---|---|---|---|---|
| 任务组 | | 成员 | | | | |
| 评价标准 | 评价任务 | 分值（分） | 自我评价（20%） | 他组评价（30%） | 教师评价（50%） | 合计（100%） |
| | 回答招标公告编制准备环节相关引导问题 | 20 | | | | |
| | 回答招标公告关键信息环节相关引导问题 | 30 | | | | |
| | 完成填写与编制招标公告 | 50 | | | | |
| | 合计 | 100 | | | | |

## 任务三 知悉供应链生产管理

### 思政活动

在2018年"大国工匠年度人物"颁奖典礼上，张瑞敏作为颁奖嘉宾为王进颁奖时说："无论是王进成功完成世界首次超高压带电作业，还是海尔正在探索的首个世界级物联网模式，其实都是在用我们的工作诠释着大国工匠的精神，就是挑战自我，挑战极限，振兴中华！"新时代，我国经济已由高速增长阶段转向高质量发展阶段，高质量的品牌需要更多的新时代工匠们来打造。其实，经营企业是这样，做人、做事又何尝不是如此呢？只有我们志存高远、脚踏实地，拥有工匠精神、爱国情怀，才能学有所成、学有所用，才能为国家的发展贡献我们的力量，才能让我们有限的生命焕发光彩，不断延伸生命的价值。

请同学们思考并回答以下问题。

（1）什么是质量观念？请比较中国、美国和日本的质量观念。

（2）请调查和对比分析中国制造的产品质量形象如何？

（3）请分析制约中国产品质量提高的主要因素有哪些？如何改善？

### 任务描述

甲公司有一款产品S，产品S由零件A加工而成，零件A由原材料B加工而成。产品S的采购提前期为 1 周，零件 A 的采购提前期为 2 周，原材料 B 的采购提前期为 3 周，物料清单表如表 6-12 所示。

表 6-12 物料清单表

| 层 次 | 产 品 | 所需个数/个 | 采购提前期/周 |
|---|---|---|---|
| 0 | 产品 S | 1 | 1 |
| 1 | 零件 A | 1 | 2 |
| 2 | 原材料 B | 2 | 3 |

产品 S、零件 A、原材料 B 库存表如表 6-13 所示。产品 S、零件 A、原材料 B 成本表如表 6-14 所示。

表 6-13 产品 S、零件 A、原材料 B 库存表

| 产 品 | 现有库存/个 | 采购提前期/周 | 安全库存/个 | 已订货量/个 |
|---|---|---|---|---|
| 产品 S | 15 | 1 | 0 | 4（第 2 周到货） |
| 零件 A | 17 | 2 | 0 | 5（第 2 周到货） |
| 原材料 B | 40 | 3 | 0 | 22（第 2 周到货） |

表 6-14 产品 S、零件 A、原材料 B 成本表

| 产 品 | 成 本 | 金 额 |
|---|---|---|
| 产品 S | 订货成本 | 80 元/个 |
|  | 库存成本 | 2 元/个/周 |
| 零件 A | 订货成本 | 90 元/个 |
|  | 库存成本 | 2 元/个/周 |
| 原材料 B | 订货成本 | 45 元/个 |
|  | 库存成本 | 1 元/个/周 |

请你根据物料清单表和产品 S 的每周出产计划（见表 6-15），确定各零部件及原材料在各个时期的需求。

表 6-15 产品 S 的每周出产计划

| 周 次 | 第1周 | 第2周 | 第3周 | 第4周 | 第5周 | 第6周 | 第7周 | 第8周 | 第9周 | 第10周 | 第11周 | 第12周 |
|---|---|---|---|---|---|---|---|---|---|---|---|---|
| 需求/个 | 15 | 5 | 7 | 10 | 0 | 15 | 20 | 10 | 0 | 8 | 2 | 16 |

除了满足每周的生产需求，甲公司还要考虑成本，成本主要包括订货成本和库存成本。由表 6-15 可知，订货批次越多，单位时间库存成本越低，订货成本越高，否则相反。请选择合理的订货批次及订货量，满足生产需要的同时最大限度地降低成本。

## 岗前培训

### 岗前培训一：产品设计与开发

一家企业所提供的产品或服务必须满足和响应客户的特定需求，同时该需求在市场上应该是具备差异化竞争优势的。一项产品或服务需要具备哪些特性和功能，往往先由营销部门提出，该部门再与生产运营部门共同协作，最后创造出满足客户需求偏好的产品。

产品设计与开发流程如图 6-10 所示。产品设计与开发的主要阶段及其基本内容如下。

（1）市场调查、构思与研发阶段。

这一阶段的基本工作内容包括产品的技术预测和市场预测、方案收集、总体构思、机理研究、方案的评审和技术经济分析。

① 方案收集。它主要是对国内外有关产品的技术先进性、市场现状、市场需求、经济情报进行研究和分析，制定长远发展规划，提出改进设计和重新设计、改革工艺的方案，确定质量标准、关键工艺及需要试验研究的课题。

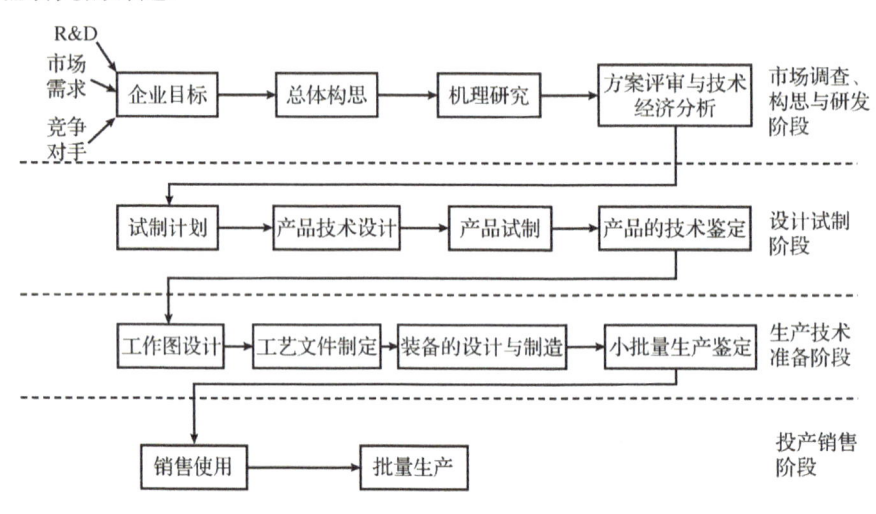

图 6-10　产品设计与开发流程

② 总体构思。这一工作主要是进行方案汇总，利用并行工程和人机工程学，参考不同方案进行构思，提出关于新产品研发的结构、性能、可靠性和经济性方面的总体构思。

③ 机理研究。这一工作主要是对新方案中涉及的新结构、新技术、新工艺、新材料、新计算方法进行实验、试验、模拟，以获取数据；勾勒草图，确定构件及其之间的联系；识别关键零部件与工艺，以掌握必要的参数，从而进行技术经济评价。

④ 方案的评审与技术经济分析。这一工作主要是通过技术经济分析，对经过探讨的方案进行综合性评审和评选，取最优者，在进行全面的可行性研究之后下达技术任务书。

技术任务书是产品技术设计和工作图设计的指导性文件。技术任务书的主要内容包括产品的用途、使用条件和要求，产品的工作原理，产品的结构特点、性能、主要尺寸、质量等主要技术参数，产品的概略总图。

（2）设计试制阶段。

设计试制阶段的工作内容包括试制计划、产品技术设计、产品试制和产品的技术鉴定。

① 试制计划。试制计划包括产品开发、试制和鉴定的日程安排、时间进度、人员配备、物质条件等，可采用甘特图或网络计划技术进行编制。

② 产品技术设计。按照试制计划，产品设计人员根据确定的总体方案对产品进行具体结构设计和技术设计，如新产品的总图、传动系统总图、部件与组件的结构图、电气与液压原理图、冷却系统图、设计计算说明书等相关文件。对某些特殊产品或特大型产品，可先设计样品或模拟产品。

③ 产品试制。产品试制的目的是考验产品的结构、性能和关键零部件的工艺质量，进行全面的检查、试验与调整。根据产品开发要求进行产品试制，通过试制了解产品的加工工艺性和设计的合理性，掌握产品制造过程中的关键工艺问题。

④ 产品的技术鉴定。这一工作主要是组织设计人员、工艺技术人员和专家对产品的功能、性能

及可靠性等进行测试、验证与评价，对产品的技术性能指标和技术水平进行测定，确认产品是否满足技术任务书的要求和有关标准，设计资料是否齐全，技术经济指标是否先进，并考虑定型生产的有关事项。

（3）生产技术准备阶段。

新产品经鉴定后应进行小批量生产的生产技术准备及小批量试生产，企业需要完成如下工作。

① 工作图设计。工作图是指导产品生产和使用的技术文件之一，设计工作图要绘制零部件的全部工作图（外购件和标准件除外），并详细注明尺寸、公差、表面粗糙度、材料、热处理等及其技术要求。

② 工艺文件制定。这一工作主要包括进行产品图纸的工艺分析与审查，拟定工艺流程方案，编制工艺规程，编制自制零部件的工艺过程卡、工艺卡和工序卡。

③ 装备的设计与制造。这一工作主要进行夹具、模具、专用量具等工艺装备的设计和制造，以保证小批量试生产的工艺要求。

④ 小批量生产鉴定。这一工作主要考验新产品的工艺，确定质量跟踪控制点，完成定额制定，确保技术文件齐全，为正式投产做好准备。

（4）投产销售阶段。

① 批量生产。在进行批量生产之前，还需要补充设计和制造部分工艺装备，以满足批量生产的需要，并将批量生产中发现的问题及时反馈到必要的控制环节。

② 销售使用。需要做好销售服务工作，并对用户的使用情况进行跟踪调查，将用户信息及时反馈到有关部门，为产品的改进设计提供依据。

## 🔔 岗前培训二：设施选址与布置

### 1. 设施选址

设施选址（Facility Location）就是确定在何处建厂或建立服务设施。设施选址影响组织的投资收益、产品或服务的成本及生产效率，若设施投资较多，一旦设施建成，就很难改变。因此，设施选址影响组织的经济效益，关系到组织的命运，须慎重决策。一般在新建企业或改建、扩建企业时，必须考虑设施选址问题。

（1）设施选址影响因素。

对于一个特定的组织来说，选址决策取决于该组织的类型。制造业组织的选址决策主要追求成本最小化，而服务业组织的选址决策一般追求收益最大化。因此，制造业设施选址与服务业设施选址所考虑的影响因素及侧重点不同。一般情况下，制造业设施选址需要考虑以下几个因素。

① 劳动力条件。厂址所在地区的劳动力应在数量上有所保证，保证该地区有足够数量的、符合技术水平要求的劳动力。对于劳动密集型企业来说，当劳动力成本占产品成本很大比重时，还应考虑劳动力的工资水平。

② 原材料供应条件。在以笨重的、易变质的产品为原材料进行加工时，应重点考虑原材料的供应条件，如罐头加工厂、肉类加工厂等。另外，有些企业还应考虑水源、动力供应，如制药厂、饮料厂对水质有一定的要求，火力发电厂应靠近煤矿区域，水力发电厂应靠近河流等。

③ 产品销售条件。目标市场的远近主要是从交给客户的产品或服务的费用多少和及时性方面考虑，应节省运费，为客户提供及时服务。例如，橡胶公司最好建在有轮胎生产厂的地区；而钢笔、钟表厂等，由于产品运费较少，可不考虑。

④ 交通运输条件。随着企业横向一体化的发展，企业之间的联系越来越密切，便利的交通能使物料和人员以较低的成本准时到达相应的地点，使生产活动正常进行。当考虑交通运输条件时，主要考虑运输费用和产品的性质。在运输工具中，水运运载量大，运费较低；铁路运输次之；公路运输运载量较小，运费较高，但灵活；空运运载量小，运费最高，但速度最快。而生产笨重或出口产品的企业，应靠近火车站或码头。

⑤ 地理条件。建厂地点的地势、利用情况和地质条件，都会影响到建设投资。在平地建厂比在丘陵或山区建厂施工要容易得多，造价也低；在有滑坡、流沙或下沉的地面上建厂，还要有防范措施，这会增加投资。因此，在平地建厂最佳。

⑥ 基础设施条件。这方面主要考虑的内容包括煤气、电、水的供应是否充足，排水是否充分（包括积水、洪水的排出等），对"三废"处理的地方制约如何，通信设施是否完善。

⑦ 气候条件。对于需要控制温度、湿度、通风的工厂来说，应考虑气候条件。有些产品不适合在潮湿或寒冷的气候条件下生产，如乐器。

⑧ 生活条件。考虑职工住房、娱乐设施、学校、公园、交通、生活服务设施的条件，为员工及其家属提供安心愉快的环境。

⑨ 环境保护条件。企业应考虑工厂对环境的危害。工厂的生产经营应符合该地区有关环境保护的法令法规。

⑩ 科技依托条件。高科技企业应建在科技人才集中之地，便于招募和利用人才，良好的科技环境有利于企业生存与发展。

设施选址需考虑的其他因素：对于跨地区、跨国选厂，应考虑国家政治局面的稳定性，以及文化背景和习俗对管理方式的影响；选址应为企业的未来发展留有余地，以便企业扩展；建分厂应靠近原有工厂，便于管理，但要注意对劳动力需求的自相竞争；考虑取得土地的可能性及地价；考虑各地税金的种类、总数，等等。

（2）设施选址程序。

选址决策涉及两个层次：一是选位，即选择哪个区域，一般是指省、市或地区，对跨国选址则是指哪个国家的省、市或地区；二是定址，即具体选择在该省、市或地区的什么位置建立设施。具体步骤如下。

① 确定选址的总体目标。选址的总体目标是选址决策使企业效益最大化。

② 收集新建（或扩建）设施各方面与选址有关的资料，如组织规模、生产能力、工艺流程、运输要求、"三废"处理等。

③ 识别选址的重要因素，如劳动力、市场或原材料等因素。

④ 根据选址总体目标和影响因素初步筛选，确定候选的目标地区。

⑤ 收集各候选目标地区的相关资料，确定可供选择的具体地点。

⑥ 采用选址方法，对备选的具体地点进行评价。

⑦ 确定具体地点。

### 2. 设施布置

设施布置（Facility Layout）是指将组织内各种设施在空间上进行合理安排和有效组合，形成一定的空间形式，从而有效地为组织服务，以使组织获得最大效益。设施布置是在设施位置选定、组织内部组成单位确定后进行的。它根据已选定地点的地理条件，对组织内的组成单位进行合理布置，确定其平面和立面位置，并相应地确定组成单位的内部（设备）布置。

（1）设施布置的原则。

① 为生产经营服务原则。

在组织中，生产经营协作密切的组成部分应相互就近，使辅助生产和生产服务工作及时满足生产经营的需要，即以满足生产经营需要为目标。

② 最短距离原则。

在符合生产工艺过程要求的前提下，原材料、半成品和成品的运输路线尽可能短，达到时间短、费用低、便于管理的目的。

③ 单一流向原则。

布置应使生产流程尽量不存在迂回曲折和平面反复交叉现象，即尽量按生产流程的顺序布置，减少运输费用与时间。在按工艺流程布置时，比较好的布置形式有直线形（I 形）、直角形（L 形）、环形（O 形）、马蹄形（U 形）、蛇形（S 形）等。

④ 立体原则。

在技术和资金允许的前提下，设施布置应尽量采用多层的立体布置，这样可以充分利用空间、场地，节约面积，缩短运输距离。

⑤ 安全原则。

设施布置应符合有关安全生产的法令和制度，符合劳动保护、环境保护的法令和制度，满足文明生产的要求等，确保生产经营安全进行。

⑥ 弹性原则。

设施布置还应考虑长远发展，留有一定的发展余地，便于适应今后发展的需要，以利于调整。

在实际工作中，设施布置应根据组织的实际情况及发展需要应用上述原则。

（2）设施布置的类型。

设施布置的类型主要有以下 4 种。

① 工艺专业化原则布置（Process Layout）。

工艺专业化原则布置是按生产工艺特征安排生产单位或设备的布置方式。在这种布置方式下，相似的生产单位或设备被放在一起。例如，机械制造厂将车床、铣床、磨床等设备分别放置，形成车工车间（或工段）、洗车工车间（或工段）、磨工车间（或工段）；医院按提供特定服务的功能进行布置，形成内科、外科等部门。这种布置方式对产品品种变换的适应性较强，设备的利用率也较高；但产品的物流比较复杂，生产过程连续性差，在制品库存量较高，整个生产周期较长。它适合小批量、多品种生产。这种布置方式主要考虑采用何种方法布置各个不同生产单位或设备，使物流合理，达到预期的目标要求。

② 对象专业化原则布置（Product Layout）。

对象专业化原则布置是按产品（或服务）制造（或提供）的工艺流程安排生产单位或设备的布置方式。在这种布置方式下，生产单位或设备是按照某一种或某几种（但这几种产品的加工路线基本类似）产品的加工路线或加工顺序依次排列的。这种设施布置的典型形式是流水线或生产线。例如，汽车厂装配线的布置。这种布置方式使产品（或服务）制造（或提供）的过程在空间上紧密衔接，缩短运输距离，减少在制品，节约生产面积，易于管理，但对品种变换的适应能力差。它适合大批量、连续生产。对象专业化原则布置主要考虑如何使每个单元的操作时间大致相等，即考虑装配线或生产线的平衡问题，以提高输出效率。

③ 混合布置（Hybrid Layout）。

在实际中，企业常常把上述两种布置方式结合起来，即在一个生产单位内既有对象专业化单位，又有工艺专业化单位，这种布置方式被称为混合布置。实际上，这种布置比较常见，因为许多企业有一定批量的产品，但不足以大到形成单一的生产线，而系列产品常常有加工类似性，又有可能使单件生产下完全"无序"的设施布置在某种程度上"有序"，因此将两种布置方式结合起来。混合布置有多种形式，如零部件生产采取对象专业化原则布置，装配车间采取对象专业化原则布置，等等。柔性生产系统、成组生产单元可看作一种混合布置。

④ 固定布置（Fixed Layout）。

固定布置是将要加工的对象固定在一个位置，把生产设备移动到要加工的产品处，而不是把产品移到加工设备处。这种布置方式比较特殊，通常只限于体积和重量都非常大、不易移动的产品，且通常只能以单件或很小批量生产的产品，如船舶、重型机床、建筑物、电影外景的拍摄等。选择这种布置方式的加工对象通常是没有其他选择余地的。

## 岗前培训三：生产计划

### 1. 生产计划概述

（1）生产类型。

按照需求特征来组织生产，生产可以分为订货型生产（Make To Order，MTO）和备货型生产（Make To Stock，MTS）两种基本类型，或者叫面向订单的生产与面向库存的生产。

订货型生产是根据订单的要求来组织生产的，产品一般没有库存，并且产品的性能、数量、规格和交货期等都可以通过谈判协商的方式确定，然后组织生产。

备货型生产是在没有订单的前提下，按照市场需求的预测，确定生产计划量，以补充库存，维持一定库存水平的生产方式。这是一种以库存来满足市场需求的生产方式。用户需要的时候会直接在商店或到企业仓库提货，因此产品交货期最短。

订货型生产与备货型生产的生产计划的决策过程不同，订货型生产主要是确定品种、价格与交货期，而备货型生产主要是确定产品的品种与产量。订货型生产与备货型生产的生产计划特征，如表 6-16 所示。

表 6-16　订货型生产与备货型生产的生产计划特征

| 项　　目 | 订货型生产（MTO） | 备货型生产（MTS） |
| --- | --- | --- |
| 计划的主要输入 | 订单 | 需求预测 |
| 计划的稳定性 | 变化大 | 变化小 |
| 计划的主要决策变量 | 品种、交货期、产量 | 品种、产量 |
| 交货期设置 | 不准确、长（订货时确定） | 准确、短（随时供货） |
| 计划周期 | 变化而且短 | 固定而且较长 |
| 计划修改 | 根据订单随时调整 | 根据库存定期调整 |
| 生产批量 | 根据订单要求而定 | 根据经济批量模型而定 |
| 生产大纲 | 粗略 | 详细 |

（2）生产计划的特点。

在一定规模的企业中，生产计划工作由一系列不同类别的计划所组成。这些计划按计划期的长度分为长期计划、中期计划、短期计划。它们之间相互紧密联系、协调配合，构成企业生产计划工作的总体系。企业生产计划体系如图 6-11 所示。

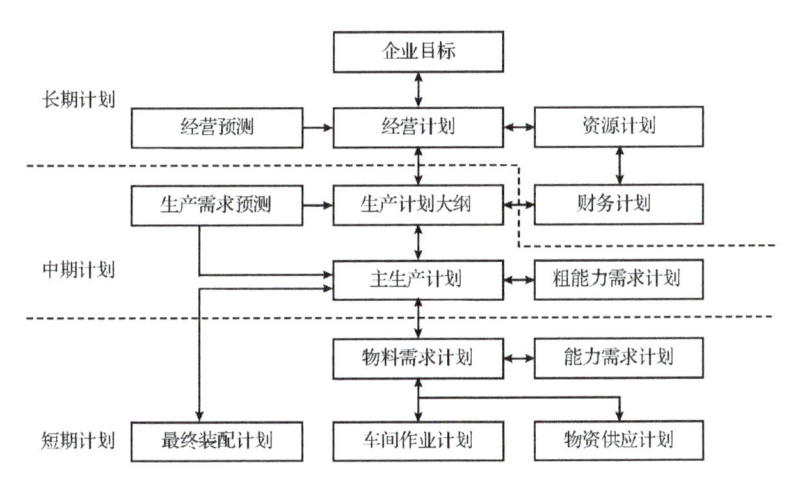

## 图 6-11 企业生产计划体系

长期计划、中期计划和短期计划具有各自的特点，如表 6-17 所示。

表 6-17 长期计划、中期计划、短期计划的特点

| 不同方面 | 计划类型 |||
|---|---|---|---|
| | 长期计划（战略层） | 中期计划（管理层） | 短期计划（作业层） |
| 主要任务 | 制定总目标及获取所需资源 | 有效利用现有资源，满足市场需求 | 合理配置生产能力，执行厂级计划 |
| 实施角色 | 高层 | 中层 | 基层 |
| 时间跨度 | 3～5 年或更长 | 1～1.5 年 | 小于 6 个月 |
| 详细程度 | 非常概括 | 概略 | 具体、详细 |
| 不确定程度 | 高 | 中 | 低 |
| 决策问题 | 产品线<br>工厂规模<br>设备选择<br>供应渠道<br>劳工培训<br>生产系统选择<br>库存系统选择 | 工厂工作时间<br>劳动力数量<br>库存水平<br>外包/外协能力<br>生产速率 | 生产品种<br>生产数量<br>生产顺序<br>生产地点<br>生产时间<br>物流库存控制方式 |

### 2. 生产能力计算

（1）生产能力的概念。

生产能力是指企业的固定资产在合理的技术组织条件下经过综合平衡，在一定时期内生产一定种类合格产品或加工处理原材料的最大数量。生产能力一般分为以下 3 种。

① 设计能力。它是指企业基本建设时设计任务书和技术文件中所规定的生产能力。设计能力只是企业所拥有的固定资产，在其他要素得到充分满足的条件下，生产某种产品的能力。这是一种潜在的能力。

② 核定能力。它是指企业在某些方面发生了较大变化后，原有的设计能力在不能反映现实能力的情况下，重新调查核定的能力。

③ 计划能力。它是指企业在计划期内，充分考虑了已有的生产条件和能够采取的各种措施后，必须达到的能力。

（2）生产能力的计算公式。

由于企业的生产技术条件有很大的不同，在核定生产能力时，应分为设备组生产能力、作业场地

生产能力、劳动能力和流水线生产能力。

① 设备组生产能力计算公式。

$$M = FS/t = FSP$$

在上述公式中，$M$ 为设备组生产能力；$F$ 为计划期单台设备的有效工作时间；$S$ 为设备组的设备数量；$t$ 为制造单位产品所需设备的台数；$P$ 为单台设备每小时加工某种产品的产量定额。

② 作业场地生产能力计算公式。

$$M = FA/(at)$$

在上述公式中，$M$ 为某作业组的生产能力；$F$ 为作业面积的有效利用时间数；$A$ 为可用于生产作业的总面积；$a$ 为制造单位产品所需的生产面积；$t$ 为制造单位产品所需的时间。

③ 劳动能力计算公式。

$$M = FD/t$$

在上述公式中，$M$ 为作业组的生产能力（台或件等）；$F$ 为计划期每个工人的有效工作时间（小时）；$D$ 为作业组的工人数；$t$ 为单位产品的工时定额。

④ 流水线生产能力计算公式。

$$M = F/R$$

在上述公式中，$M$ 为流水线生产能力；$F$ 为流水线有效工作时间；$R$ 为流水线节拍。

（3）生产能力的综合平衡。

工业企业的生产能力是企业内部各环节生产能力综合平衡的结果。各环节生产能力不平衡是绝对的，在计算各环节生产能力后，要由下而上逐级平衡，最后进行全厂生产能力的综合平衡。全厂生产能力的综合平衡包括班组内部的员工之间的负荷平衡；班组之间的生产能力平衡；生产车间内部工段间生产能力的平衡；生产车间内部之间基本生产能力与辅助生产能力的平衡；生产车间之间的生产能力的平衡、生产能力与生产准备能力的平衡、生产能力与供应能力的平衡、生产能力与运输能力的平衡等。再根据企业计划期可以动用的资源条件，采用组织措施与技术措施，克服薄弱环节，使企业核定的生产能力真正成为生产实施时切实可行的生产能力。有机利用外部条件也是在进行生产能力的综合平衡时所应考虑的。

**3. 生产计划编制**

年度生产计划的编制，大致包含以下 3 个步骤。

① 调查研究、收集资料。

年度生产计划任务包括 3 个方面：一是社会或市场对企业产品的需要；二是长期计划对年度生产计划提出的目标要求；三是上一年年度计划完成情况所反映的实际生产能力。为此，在制订生产计划前，首先要收集和掌握这 3 个方面的信息，具体如下。

- 反映国家和社会需求的资料。

企业的生产目的是满足国家和社会对企业产品的需要，同时只有符合国家和社会需要的产品，才能有销路，企业才会有发展。企业可从 3 个方面获取这些资料：一是市场调研部门提供的计划期需求预测数据及分析报告；二是销售部门提供的已签订的供货协议与合同；三是上级部门下达的计划指标。

- 本企业生产经营目标。

本企业生产经营目标主要有两个：一是计划期应该达到的生产发展水平；二是计划期应实现的利润指标和成本指标。

- 反映外部生产资源方面的信息。

反映外部生产资源方面的信息主要考虑 3 个方面的情况：一是供应部门提供的各种生产物资、动力的可靠供应量和可获得的其他补充供应量；二是外协部门提供的从外单位获得的生产能力和物资供应等方面的信息；三是仓库运输部门从外单位获得的运输、仓储等生产服务方面的信息。

- 企业内部生产资源方面的信息。

企业内部生产资源方面的信息主要考虑 4 个方面的情况：一是各生产部门的生产能力情况；二是库存资料；三是新产品开发进度和生产技术准备能力状况；四是人员状况。

② 确定生产指标，进行综合平衡。

掌握制订生产计划的必要资料后，就可制订生产计划。但生产计划的制订是一项十分复杂的工作，它既要适应社会的需要，又要有设备、原材料、劳动力、能源、资金等方面的保证，还要使企业取得良好的经济效益。因此，生产计划编制工作需要非常细致，往往需要反复进行多次平衡才能最终确定。

编制生产计划，一般分成 3 个工作层次进行：第一个层次是测算总产量指标，第二个层次是测算分品种产量指标，第三个层次是安排产品出产进度，编制产品出产进度计划。其中第一和第二个层次属于编制生产计划大纲的工作。

③ 确定生产计划草案。

在提高经济效益，增产增收及实现利润目标的前提下，在综合平衡的基础上，对初步确定的生产指标，根据实际情况再做出相应的调整，确定最佳的生产指标方案。生产计划草案经企业领导部门批准后，即为正式方案。企业其他部门据此编制产前准备计划，落实生产计划。

### 岗前培训四：库存管理与 MRP 原理

1. **库存管理概述**

"库存"从广义来讲，是指一切处于闲置状态的用于未来的资源，如人、财、物、信息等，从生产运作管理的角度来讲，是指生产过程中处于没有被加工与使用状态的物资，如原料、半成品、成品、工具与维修配件、各种消耗品。

（1）库存问题分类。

对库存问题有不同的分类方法，根据库存物品的需求特征，我们可以对库存问题进行分类，如图 6-12 所示。

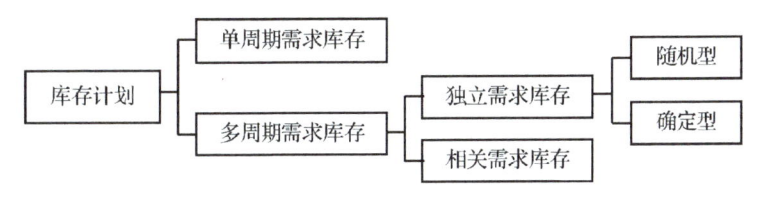

图 6-12 库存问题的分类

① 单周期需求库存问题。如果对物品的需求是一次性的，这种需求就是单周期的需求，对这类物品的库存管理称为单周期需求库存管理。单周期需求的库存问题在实际生活中并不多，主要是一些特殊的商品，如为某种节日准备的商品（中秋月饼、圣诞树）、需求时间短的物品（如纪念品）等。单周期库存一般库存时间不长，不存在库存订货点与库存检查期的决策问题，其主要决策变量是订货量。

由于单周期需求的库存订货量决策具有较大风险性，所以如何优化订货量是单周期库存问题的核心。

② 多周期需求库存问题。在实际生活中，大多数的库存问题都是多周期库存问题。多周期需求是在较长时间内反复发生的需求，库存需要不断补充，多周期库存问题的决策如下。

- 何时订货？
- 每次订多少？
- 多长时间检查库存？

回答这些问题是多周期库存控制的核心。

③ 独立需求与相关需求库存问题。多周期库存问题根据需求物资之间的关系又可以进一步分为独立需求的库存问题与相关需求的库存问题两种。

独立需求，是指不同物资的需求是互不相关的，需求的变化是独立于企业管理者主观控制能力之外的，其数量与出现的概率是随机的、模糊的、不确定的，因而只能通过预测的方法来确定。在制造企业中，产品的库存是独立需求库存问题。

相关需求，是指某一物资的需求与其他物资的需求相关，其需求数量与需求时间与其他物资的需求之间存在一定关系，因此可以通过一定的数量关系推算得到，例如制造业中半成品与原材料的库存就是相关需求的库存问题。半成品与原材料的需求可以通过产品的结构关系与一定的生产比例关系确定，而不需要预测。

（2）库存成本。

成本是库存管理最重要的优化目标之一，因为库存管理者先想到的是优化自己的库存成本，库存成本主要包括以下几种。

① 存储成本。存储成本是物资存放于仓库中需要支付的费用，这些费用包括以下几项。

- 资金成本，例如采购的物资是通过贷款与借款的方式投资的，那么企业为此需要支付利息与保险金等。
- 仓库成本，例如仓库的管理费用、设备维修费、仓库作业成本等。
- 物资损耗与变质成本，即物资在存储过程中发生的损耗与变质所导致的损失。

② 订货（准备）成本。当库存的物资是来自外部的供应者时，库存管理者需要与物资供应者进行物资供应的交易活动，这种订货过程发生的费用是订货费；当库存物资来自库存管理者内部，即自制的物资，企业要为此进行生产的调整，这种为准备、调整工艺而发生的费用就是调整费用。

③ 缺货成本。当企业库存物资无法满足用户的需求而造成损失时，就发生了缺货成本。缺货成本一方面可能是由于失去盈利的机会而导致机会损失，这是一种机会成本；另一方面可能是企业由于缺货而延迟交货所付的赔偿，或为此进行的补救费用（如加班费）。

④ 货物成本。购买或生产货物需要的费用，这与货物的单价与数量有关。

站在库存管理者的角度考虑库存问题，库存管理的目标就是使这4种成本总量最小化。

**2. 经济订货批量模型**

现代库存理论起源于20世纪初。1913年，美国学者威尔逊·哈利斯最先提出第一个库存模型，即经济订货批量模型（Economic Order Quantity，EOQ）。

经济订货批量模型（EOQ）是最早、最简单、最通用的库存控制技术之一。但必须基于这些假设：①需求率固定；②交货提前期固定；③订货费用与批量无关；④不允许缺货；⑤一次性交货；⑥存储成本是存储量的线性函数；⑦产品的价格固定。

理想的经济订货批量是指不考虑缺货，也不考虑数量折扣及其他问题的经济订货批量。不同经济订货批量所产生的总成本包括订货成本和持用成本，经济订货批量与总成本、订货成本、持用成本之间的关系如图6-13所示，计算公式如下。

$$EOQ = \sqrt{\frac{2DC_r}{H}}$$

式中，$D$ 为库存物品的年需求量或年需求率（件/年）；$C_r$ 为单次订购费用（元/次）；$H$ 为单位库存保管费[元/（件×年）]。

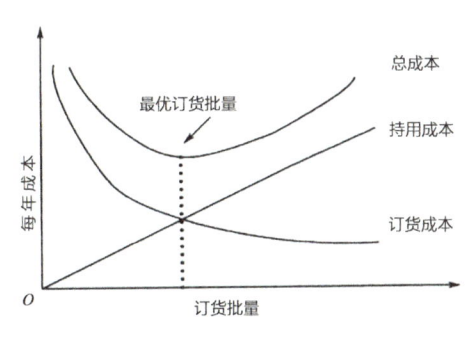

图6-13 经济订货批量示意图

在实际运作中，多种因素可能引起缺货。在这种情况下，允许缺货的经济订货批量就是指订购成本、储存成本和缺货成本最小时的订货批量。在实际应用EOQ公式时，除考虑缺货成本外，一般还要考虑采购数量折扣和运输数量折扣等因素对总成本的影响。

### 3. MRP原理

（1）MRP的基本逻辑。

MRP（Material Requirements Planning）即物料需求计划，是在传统的库存管理基础上发展起来的，主要用于非独立性需求（相关性需求）性质的库存控制方法，其基本逻辑如图6-14所示。它以计算机应用为基础的生产计划和库存控制系统。其主要目的是控制非独立性需求库存水平，把储存费用降到最低水平，使生产运行效率提高到最高水平。也就是说，只在需要的时间向需要的部门提供其恰好需要的物料（品种、数量和质量）。

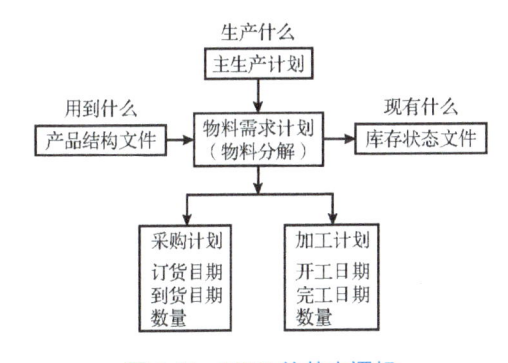

图6-14 MRP的基本逻辑

非独立性需求库存的订购及其补充，通常应用下列逻辑分析来处理。

① 要生产什么产品（时间、品种、数量和质量）？

② 需要哪些组件或成分？

③ 这些物品已在手头的有多少？

④ 已经订货的有多少，它们将在何时到达？

⑤ 何时需要更多些？需要多少？

⑥ 这些物品应何时订货？

以上就是 MRP 的基本逻辑，有时也称为"制造业的方程式"。它适用于包含多种组件（成分）的产品生产过程。

在 MRP 的基本逻辑中，第一个问题指的是出厂产品，属于独立性需求，它由产品出产计划确定；第二个问题指的是产品结构，一般用产品结构文件来表示；第三个问题和第四个问题指的是库存信息；第五个问题指的是 MRP 的计算过程；第六个问题指的是 MRP 发出的计划或订货指令。

（2）MRP 的输入。

根据上述基本处理逻辑，MRP 的输入主要有产品出产计划（又称主生产计划）、产品结构文件和库存状态文件。

① 产品出产计划。是企业向外界提供的产品或零部件生产计划，是 MRP 的驱动源。

② 产品结构文件。又称物料清单或物料表（Bill of Material，BOM），是产品结构树的数量表示。它不仅能列出构成产品的所有组件，还可以反映出产品的结构层次和制造的先后顺序。图 6-15 所示为某木制方桌的产品结构树（物料表）示意图。

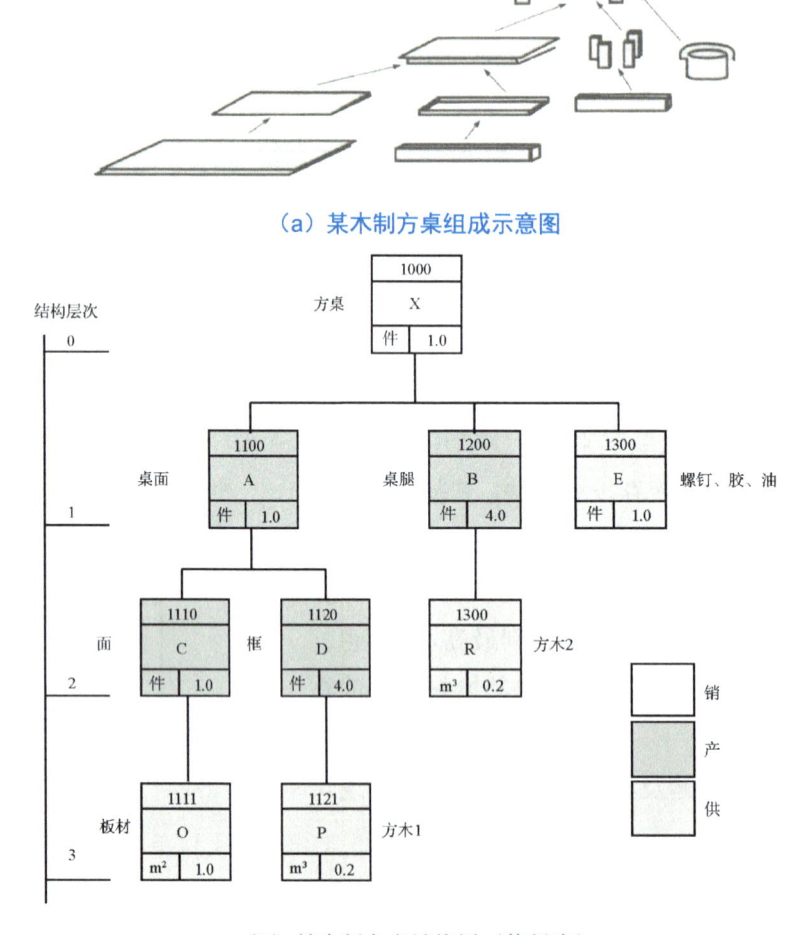

（a）某木制方桌组成示意图

（b）某木制方桌结构树（物料表）

图 6-15　产品结构树（物料表）示意图

③ 库存状态文件。它是反映每一个库存物品的库存现状的文件，不仅说明仓库中实际存放的物

料库存量，还说明其中未出/入库，但已经有预留安排或即将到货的物料，因此，这是一个动态信息，与过去手工管理的仓库台账有本质的差别。库存状态报告如表6-18所示。

表6-18 库存状态报告

部件C　　　　　　　　　　　　　　　　　　　　　　　　　　　　提前期：2周

| 周　　次 | 第1周 | 第2周 | 第3周 | 第4周 | 第5周 | 第6周 | 第7周 |
|---|---|---|---|---|---|---|---|
| 总需求/个 |  |  |  |  |  | 300 |  |
| 预计到货量/个 |  | 150 |  |  |  |  |  |
| 现有数（50）/个 | 50 | 200 | 200 | 200 | 200 | −100 |  |
| 净需求/个 |  |  |  |  |  | 100 |  |
| 计划订货量/个 | ... | ... |  | 100 |  |  |  |

（3）MRP的输出。

在输出的零件出产计划报表（见表6-19）中，经过MRP系统运算后生成的信息主要包括预测量、合同量、毛需求、计划接收量、预计可用库存量、净需求、计划产出量、计划投入量和可供销售量。

表6-19 零件出产计划报表

物料号：1001　　　　　　　　计划日期：2023年2月26日　　　　　　　　计划员：CFJ
物料名称：ABC　　　　　　　　现有库存量：8个　　　　　　　　　　　　安全库存量：5个
提前期：1周　　　　　　　　　批量：10个　　　　　　　　　　　　　　　批量增量：10个

| 时　段 | 当期 | 第1周 3月5日 | 第2周 3月12日 | 第3周 3月19日 | 第4周 3月26日 | 第5周 4月2日 | 第6周 4月9日 | 第7周 4月16日 | 第8周 4月23日 | 第9周 4月30日 |
|---|---|---|---|---|---|---|---|---|---|---|
| 预测量/个 |  | 5 | 5 | 5 | 5 | 5 | 5 | 5 | 5 | 5 |
| 合同量/个 |  | 12 | 8 |  | 2 | 7 | 6 |  | 13 | 5 |
| 毛需求/个 |  | 12 | 8 | 5 | 7 | 6 | 5 | 13 | 5 |  |
| 计划接收量/个 |  | 10 |  |  |  |  |  |  |  |  |
| 预计可用库存量/个 | 6 | 6 | −2 8 | −2 8 | −7 13 | −14 6 | −20 10 | −25 5 | −38 12 | −43 7 |
| 净需求/个 |  |  | 7 |  | 2 |  | 5 |  | 13 |  |
| 计划产出量/个 |  |  | 10 |  | 10 |  | 10 |  | 20 |  |
| 计划投入量/个 |  | 10 |  | 10 |  | 10 |  | 20 |  | 10 |
| 可供销售量/个 |  | 6 | 2 |  | 1 |  | 4 |  | 2 |  |

*净需求中包括补充安全库存的需求量。

毛需求（Gross Requirements，GR），即"生产或需要什么和多少"。对产品来说，是产品合同与预测的组合；对零部件来说，它是MRP系统汇总了所有要生产的相关上层物料投入量以后计算得出的。此时，它不再是预测信息，而是生产信息。

计划接收量（Schedule Receipts，SR），主要指在报表中，第一个时段日期前已经下达、现在正在执行中的订单上的产品数量。它将在报表日期之后某个时段完成。可以理解为正在途中即将到达的物料。

预计可用库存量（Projected Available Balance，PAB），是指在现有库存中，扣除了预留给其他用途的已分配量，可以用于需求计算的那部分库存，即每个时段的期末库存结余。它同现有库存量不是同一个概念，其计算公式如下。

预计可用库存量＝前一时段末的可用库存量＋本时段计划接收量－本时段毛需求＋本时段的计划产出量

在上式中，若等式右边前3项计算结果为负值，说明如果不补充库存将出现短缺，表示为表6-19中预计可用库存量这一行中上半部分的数据。该数据加上计划产出量后的计算结果，则对应显示在其下面。

净需求（Net Requirements，NR），是指在安全库存为零的情况下还缺什么，其计算公式如下。

净需求 = 本时段毛需求 －（前一时段末的可用库存量 + 本时段的计划接收量）

若计算值小于零，则无净需求。若设定了安全库存量，即存在最小库存量，系统将判断本时段的库存结余（预计可用库存量）是否小于安全库存量，如果小于安全库存，系统将自动修订净需求量来补足。

计划产出量（Planned Order Receipts，POR），是指为满足净需求，由MRP系统根据规定的批量规则计算得出的结果。常用订货批量规则主要有固定批量、经济订货批量、定期订货批量和按需要确定批量4种。在MRP中称为订货策略（Order Policy）。

计划投入量（Planned Order Releases，POR），是指系统根据计划产出量、规定的提前期和成品率计算得出的结果，是MRP的主要输出结果。

可供销售量（Available to Promise，ATP），是指在某个计划产出时段内，计划产出量超出下一次出现计划产出量之前各时段合同量之和的数量，是可以随时向客户出售的数量。因此，它是销售人员同临时来的客户洽商供货条件时的重要依据。可供销售量的计算公式如下。

可供销售量 = 某时段计划产出量（含计划接收量） － 下一次出现计划产出量之前各时段合同量之和

表6-19中的计算过程如下。

在第1周，毛需求为12，现有量8加上计划接收量10等于18，可以满足毛需求12。此时，库存结余为6，大于安全库存，不发生净需求。第2周的毛需求为8，大于库存结余6，库存结余为-2，产生净需求2，系统考虑补足安全库存量5，将净需求修订为7。为满足净需求7，系统根据设定的批量生成计划产出量10，再根据提前期为1周，建议在第1周下达计划投入量10。第3周没有毛需求，库存量不变。第4周毛需求为5，库存结余8虽能满足，但余量3小于安全库存量5，系统自动修订净需求为2，并生成计划产出量以补充安全库存。逐个时间段按照此方法计算，可推算出整个计划期内的物料需求，此为MRP的数据处理和输出过程。由于产品结构中包括了加工件和采购件，所以，在MRP系统中，所有物料的生产计划和供应计划是一次同时完成的，这不仅避免了一般计划工作中的冗余和差错，还体现了信息集成的优势。

## 任务执行

### 步骤一：解读背景材料

请完成以下引导问题，完成背景材料解读。

引导问题一：为什么一般制造企业的大多数物料（零部件）应当由MRP系统来控制？

_____

_____

_____

项目六　知悉供应链"四会"

引导问题二：一般来说，MRP 系统的 3 项主要输入是什么？分析它们的作用。

_____

_____

_____

### 步骤二：画出物料清单

请画出产品 S 的物料清单。

### 步骤三：填制需求表

请根据产品 S 的物料清单和生产需求，使用按需定量法填制零件 A、原材料 B 的需求表（见表 6-20）。

表 6-20　需求表

| | 周次 | 第1周 | 第2周 | 第3周 | 第4周 | 第5周 | 第6周 | 第7周 | 第8周 | 第9周 | 第10周 | 第11周 | 第12周 |
|---|---|---|---|---|---|---|---|---|---|---|---|---|---|
| 产品S | 总需求/个 | 15 | 5 | 7 | 10 | 0 | 15 | 20 | 10 | 0 | 8 | 2 | 16 |
| | 已生产量/个 | | | | | | | | | | | | |
| | 预计可用库存量/个 | | | | | | | | | | | | |
| | 净需求/个 | | | | | | | | | | | | |
| | 计划生产量/个 | | | | | | | | | | | | |
| 零件A | 总需求/个 | | | | | | | | | | | | |
| | 已生产量/个 | | | | | | | | | | | | |
| | 预计可用库存量/个 | | | | | | | | | | | | |
| | 净需求/个 | | | | | | | | | | | | |
| | 计划生产量/个 | | | | | | | | | | | | |
| 原材料B | 总需求/个 | | | | | | | | | | | | |
| | 已生产量/个 | | | | | | | | | | | | |
| | 预计可用库存量/个 | | | | | | | | | | | | |
| | 净需求/个 | | | | | | | | | | | | |
| | 计划生产量/个 | | | | | | | | | | | | |

### 步骤四：成本核算

请根据步骤三中的表 6-20 对成本进行核算，并填写表 6-21。

（原材料总成本=订货成本+库存成本=订货次数×订货成本+每周末库存之和×每周库存持有成本，零件总成本=生产成本+库存成本=生产数量×单位生产成本+每周末库存之和×每周库存持有成本）

表 6-21　成本表

| 成本种类 | 产品 S | 零件 A | 原材料 B |
| --- | --- | --- | --- |
| 订货成本 |  |  |  |
| 库存成本 |  |  |  |
| 总成本 |  |  |  |

### 任务评价

在完成上述任务后，教师组织进行三方评价，并对学生的任务执行情况进行点评。学生填写任务评价表（见表 6-22）。

表 6-22　任务评价表

| 任务 | | 评价得分 | | | |
| --- | --- | --- | --- | --- | --- |
| 任务组 |  | 成员 | | | |
| 评价标准 | 评价任务 | 分值（分） | 自我评价（20%） | 他组评价（30%） | 教师评价（50%） | 合计（100%） |
| 评价标准 | 回答解读背景材料环节相关引导问题 | 20 |  |  |  |  |
| 评价标准 | 画出物料清单 | 20 |  |  |  |  |
| 评价标准 | 填写需求表 | 30 |  |  |  |  |
| 评价标准 | 完成成本核算 | 30 |  |  |  |  |
| 合计 |  | 100 |  |  |  |  |

## 任务四　知悉供应链销售管理

### 思政活动

台塑集团的创始人王永庆幼时家贫，15 岁辍学，在经历一年的米店学徒生涯后，借钱开了一家小小的米店，开始卖米挣钱。米店生意的红火助其完成了最初的资本积累，为问鼎首富之路奠定了坚实的基础。而这一切的成功都源于王永庆做对了 3 件事：一是专注商品质量和服务质量，赢得顾客喜爱。和一般米店做法不同，王永庆夜以继日地筛石子、挑谷糠，主动帮助顾客"送米上门"和"倒米进缸"，深受顾客喜爱；二是注重数据搜集与分析，洞悉顾客需求。借"送米上门"之机"登堂入室",和顾客攀谈,了解家庭人口数量、饭量、发薪日、米缸大小等有关顾客消费习惯与特点的信息;三是精准配送,灵活调整营销策略。基于顾客信息,精准判断送货时间,将正对口味的大米送上门,并能根据不同地区顾客的需求特点制定不同的销售策略。这段台湾著名企业家王永庆运用销售管理思维卖大米的创业故事,体现的正是敬业、诚信、友善的职业素养,值得大家学习。

### 📖 任务描述

鱼骨图是由日本管理大师石川馨先生创造的,故又名石川图。鱼骨图模型(见图6-16)是一种发现问题"根本原因"的方法,所以也可以称它为因果图。在销售中用好鱼骨图模型,可以让销售管理工作一目了然,对解决各种销售问题大有裨益。请同学们学习并试着使用鱼骨图分析销售管理中的问题。

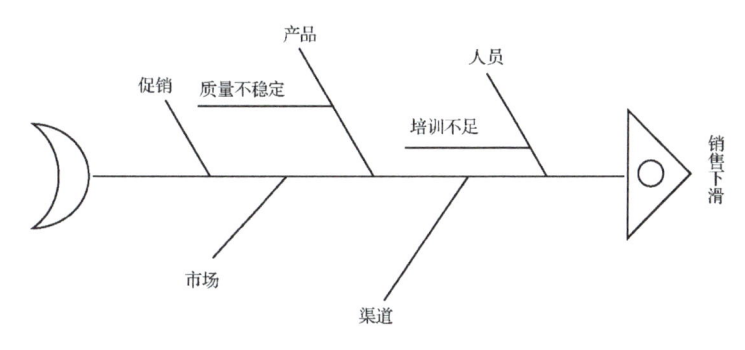

图6-16 鱼骨图模型

### ⏰ 岗前培训

🔔 **岗前培训一:销售规划管理**

#### 1. 销售区域划分与规划

企业所生存的环境是经常变化的,因此,企业必须根据环境的变化而不断地调整销售区域。设计销售区域的步骤如图6-17所示。

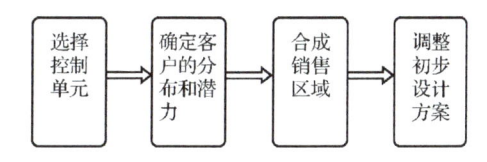

图6-17 设计销售区域的步骤

(1)选择控制单元。

区域设计的第一步是选择控制单元。先将整个目标市场(如整个国内市场)划分为若干个控制单元。

划分控制单元的目的是按照一定标准将它们组合成销售区域。一般可以选择省、市、区、州、县等行政区域或邮政编码区域作为控制单元。在划分控制单元时常用的两个标准是现有客户数和潜在客户数。利用现有客户数可以很好地估计目前的工作量,而潜在客户数则只能是预测值。这一工作应由营销调研部门来做。由于实际销售额不能很好地反映工作量及市场潜力,因此一般不作为划分标准。此外,区域面积、工作量等也可以作为划分标准,企业可以根据本企业实际情况设计划分控制单元的标准。

（2）确定客户的分布和潜力。

选择好控制单元后，管理层就应该在所选的控制单元中确定现有客户和潜在客户的分布和潜力。现有客户的识别可以通过以往的销售记录来实现，而潜在客户的识别可以通过外部渠道来实现，例如国家机关或有关机构，杂志、报纸、电视等媒体，分类电话簿，信用评级机构，等等。

识别了客户后，管理层应该先评估企业期望从每个客户那里获得的潜在业务量，再按照可获得潜在利润的大小对客户进行分类，这为确定基本区域提供了很好的依据。

（3）合成销售区域。

销售区域设计的第三步是将邻近的控制单元组合成销售区域。依照划分标准将每个控制单元都组合到相应销售区域后，就完成了销售区域的初步设计。

在初步设计完成后，各个销售区域依据某一划分标准已经达到平衡。一般来说，这种基于一个标准的平衡不够理想，需要在兼顾其他标准的基础上进一步调整，使之达到更高要求。例如说初步设计的销售区域具有大致相等的客户数，可是各销售区域的面积却相差悬殊，销售经理希望各区域在客户数基本相等的同时，面积也大致相当，以平衡各区域的工作量。为此，可以将客户规模最大的销售区域中一个地广人稀、客户较少的控制单元重新划分一个地理面积较小的区域，以达到新的平衡。如果面积大的区域正好与面积小的区域相邻，且符合条件的客户正好处于两区域的交界处，新的平衡就很容易实现。否则，就可能要同时调整好几个区域才能成功。

要协调各个区域的销售量，首先要做工作量分析，其中客户分析是基础。即使销售经理不能对所有客户逐一进行分析，至少也要对大客户进行分析，按分析结果将客户分类排队，并以分析结果为依据来制定有区别的客户政策。除了总销售潜力标准，还可以采用其他标准进行客户分类，只要采用的标准能够准确反映工作量与销售成果之间的关系就可以。

各类客户数量统计出来之后，按照企业客户政策规定的各类客户的访问频率及每次访问的时间，可计算出整个销售区域的工作量。

（4）调整初步设计方案。

为保证市场潜力和工作量两个指标在所有销售区域的平衡，还要对初步设计方案进行调整。虽然通过手工作业来调整有一定的难度，但是经过努力至少可以使修改后的方案优于初步设计方案。常用的调整初步设计方案的方法有两种：一种是改变不同区域的客户访问频率，即通过修改工作量的办法来达到平衡（因为市场潜力已经达到平衡了）；另一种是用试错法连续调整各个销售区域的控制单元以使两个变量同时平衡。如果需要兼顾更多标准，调整过程就更加复杂了。这种情况下一般采用"渐近法"，先将标准排出优先次序，例如先满足工作量大致相等的要求，再考虑客户数量或区域面积的平衡。然后遵循上述步骤设计出满足工作量平衡要求的初步方案，再用反复试错的方法满足第二标准的要求和第三标准的要求，逐步接近目标。手工作业很难做到十分精确，但有了计算机的帮助就不同了。

**2. 渠道建设与管理**

大多数制造商并不是将其产品直接出售给最终用户，而是通过一些中间商构成的分销渠道系统才使得自己与最终用户之间的交易得以实现。企业生产出的产品只有通过这样的市场营销渠道，经过一定的实体分销过程，才能在适当的时间和地点以适当的价格供应给广大用户，满足市场需求，实现企业的市场营销目标。

（1）销售渠道类型。

企业在建立自己的销售渠道时有许多类型可供选择，按照渠道成员之间的关系来划分，企业的渠道类型主要有传统分销渠道模式、垂直分销渠道模式、水平分销渠道模式和多渠道分销模式。

① 传统分销渠道模式。

传统分销渠道模式，是指渠道各成员之间是一种松散的合作关系，各自追求利润最大化，最终导致整个分销渠道效率低下。传统分销渠道模式，又被称为松散型分销模式，顾名思义，渠道各成员之间的关系是临时的、偶然的、不稳定的。

比较适合选择传统分销渠道模式的企业主要是小型企业。小型企业资金实力有限，产品类型与标准处于不稳定状态，不适合采取固定的分销系统形式。例如，某企业今年生产服装，明年有可能生产床垫；今年卖米面，明年有可能卖蔬菜。小型企业的产品数量太少，不可能形成一个稳定的分销系统。因为大分销商不会与一个经营规模相差悬殊的企业形成紧密型关系，小分销商也常常寻找大生产商合作。在市场经济不发达的时期，传统分销模式非常流行，例如电影分销不叫分销而叫发行，生产商与分销商之间采用的就是松散型分销渠道模式。在生产较为分散的日常用品、小商品生产领域，也普遍存在着传统的分销模式。

② 垂直分销渠道模式。

垂直分销渠道模式，是由制造商、批发商和零售商组成的一种统一的联合体，每个成员把自己视为分销系统中的一分子，关注整个垂直系统的成功。垂直分销渠道模式包括 3 种形式：公司式、契约式和管理式。垂直分销渠道模式具有广泛的适应性，无论是大企业还是小企业，无论是消费品还是生产资料，都可以采用垂直分销渠道模式。

垂直分销渠道模式的优势是，合理管理库存，削减分销成本，便于把握需求动向，易于安排生产与销售，渠道控制力强，有利于阻止竞争者加入，商品质量有保障，服务水平高。垂直分销渠道系统的缺陷是：维持系统的成本较高，经销商缺乏独立创造性。

③ 水平分销渠道模式。

水平分销渠道模式，又被称为共生型渠道关系，它是指由两个或两个以上成员相互联合在一起，共同开发新的营销机会，其特点是两家或两家以上的企业横向联合共同形成新的机构，发挥各自优势，实现分销系统有效、快速地运行，实际上是一种横向的联合经营。其目的是通过联合发挥资源的协同作用或规避风险。例如可口可乐公司和雀巢公司合作组建新的公司，雀巢公司先以其专门的技术开发新的咖啡和茶饮料，再交由熟悉饮料市场分销的可口可乐公司去销售。

水平分销渠道模式的优势是，通过合作实现优势互补，快速拓展市场。但水平分销渠道系统也具有一定的缺陷，合作有一定冲突和困难。因此，水平分销渠道系统比较适合实力相当且营销优势互补的企业。

④ 多渠道分销模式。

多渠道分销模式，是指一家企业建立两条以上的渠道进行分销活动。企业的每一种渠道都可以实现一定的销售额。渠道之间的竞争既可能促进销售额的共同增加，也可能导致冲突。

（2）销售渠道设计的程序。

一般来说，要想设计一个有效的渠道系统，必须经过确定渠道目标与限制、明确各主要渠道交替方案、评估各种可能的渠道交替方案等步骤。

① 确定渠道目标与限制。

渠道设计问题的中心环节，是确定到达目标市场的最佳途径。每个生产者都必须在顾客、产品、

135

中间商、竞争者、企业政策和环境等所形成的限制条件下，确定其渠道目标。所谓渠道目标，是指企业预期达到的顾客服务水平及中间商应执行的职能等。

② 明确各主要渠道交替方案。

在确定了渠道的目标与限制之后，渠道设计的下一步工作就是明确各主要渠道的交替方案。渠道的交替方案主要涉及两个基本问题：一是中间商类型与数目；二是渠道成员的特定任务。

③ 评估各种可能的渠道交替方案。

每个渠道交替方案都是企业产品送达最后顾客的可能路线。生产者所要解决的问题，就是从那些看起来似乎很合理但又相互排斥的交替方案中选择最能满足企业长期目标的一种。因此，企业必须对各种可能的渠道交替方案进行评估。

（3）销售渠道冲突的解决对策。

如果销售渠道冲突处理得不好，就会严重影响企业市场营销目标的实现，甚至会给企业带来灭顶之灾。因此，解决渠道冲突时，应根据上文所述的渠道冲突产生的原因进行具体问题具体分析，再选择适当有效的解决对策进行处理。

① 积极性对策。

沟通。保证渠道畅通的一个重要条件是要实现渠道成员间的良好沟通。因此，促成渠道成员之间的相互理解、相互信赖乃至紧密合作，是渠道冲突管理工作的一个重要方面。

激励。分销商需要激励以尽其职。虽然他们加入渠道的因素和条件已构成部分的激励因素，但尚需生产者不断地督导和激励。生产者不只是利用分销商销售商品，也是把商品出售给分销商。

建立长期合作关系。建立长期合作关系既是激励分销商的一种方式，也是管理渠道冲突的一种方式。

建立产销战略联盟。管理渠道冲突最有效的方法之一是设法同渠道成员建立产销战略联盟。所谓产销战略联盟，是指从企业的长远角度考虑，制造商与分销商之间通过签订协议的方式，形成风险利益联盟体，按照商定的分销商策略和游戏规则，共同开发市场，共同承担市场责任和风险，共同管理和规范销售行为，共同分享销售利润的一种战略联盟。

② 消极性对策。

对于营销渠道冲突的管理，除了以上积极的管理方法，在不得已的情况下，还得采用一些看似是消极的方法。也就是说，在解决冲突的过程中不是任何情况下都能够自觉地达成一致，形成共同目标，分歧在多数情况下是必然存在的。消极性对策主要包括以下几种。

谈判。谈判是渠道成员讨价的一个方法。谈判的目的在于停止成员间的冲突。

调解。有效的调解可以成功地澄清事实，保持对方的接触，寻求可能达成共识的基础，促使双方同意某些提议，并且监督协议的实施。

仲裁。仲裁能够代替调解，它可以是强制的或自愿的。强制性的程序是，双方必须按照法律规定服从于第三方做出最终和综合性的决定。用仲裁来解决问题很普遍，但事实上往往不能解决问题，主要是因为很少能找到一个合适的仲裁人，并提出一个大家都能接受的建议。

法律手段。在内部谈判、劝说等途径已经没有效果，需要借助外力，采用诉诸法律的方法来解决问题。

清除替补。在分销商达不到分销合同所要求的条款时，就必须考虑采用渠道成员清除和替补的办法了。

退出。解决冲突的最后一种方法就是退出该营销渠道。

### 🔔 岗前培训二：销售团队建设

**1. 销售人员招聘**

销售人员的招聘程序是指企业从出现销售岗位的空缺到候选人正式进入企业从事销售工作的整个过程。这个过程包括识别职位空缺、确定招聘渠道和方法、获得候选人、候选人选拔测评、候选人正式进入企业工作等一系列环节。各个企业的招聘程序不尽相同，但必须在上一个步骤检查通过之后才能进入下一个步骤，以确保选出优秀的销售人员。

（1）初步淘汰。

通过多种途径获得的候选人通常比岗位所需要的人数要多，也免不了鱼目混珠。为了防止明显不合格的人员继续参加以后各阶段的选拔，以节省时间、费用和提高效率，要对应聘者进行初步淘汰。初步的筛选可以分为两种情况：直接在现场对应聘者的筛选和间接对应聘者的筛选。

（2）面试。

面试是一种最普遍，也是最重要的选拔测评方法之一。狭义地说，面试就是面谈，是通过主试与被试者面对面的观察、交流等双向沟通方式，了解应试者的素质、能力与求职动机的一种选拔技术；广义地说，面谈是考官通过与应聘者直接交谈或者置应聘者于某种特定情景中进行观察，从而对其是否具备某些能力、素质和资格条件进行测评的一种方法，面试包括情景模拟和现场测评。

（3）测验。

一个人要想胜任销售工作或在销售工作中取得一定的成就，就必须具备相应的能力，例如观察能力、记忆能力、理解能力、思维推理能力等。面试只是反映应聘者的外在表象，测验则能测出应聘者的真实能力和水平。测验内容可包括专业知识的测验、智力测试、诚实测试、态度测试、个性测试、情境测试等。

（4）调查。

在测验环节通过之后，下一步就是对应聘者所提供的材料进行审核，以确认资料的真实性。

调查的主要内容：工作经历——通过咨询应聘者以前的工作单位或客户，来获取应聘者过去工作的真实情况；品格——通过咨询应聘者的教师、同学及过去的同事来查证应聘者的品格；信用——通过咨询当地的信用调查机构或其他企业的同类人员，以考核应聘者的信用及经济状况。

调查的主要方式：拜访被咨询者——派专人拜访知情者，可以迅速有效地对各种有关资料进行审核；电话联系——这种方式既便利又快捷，但对方可能会怀疑访问者的身份，不愿在电话中告诉详情；信函查核——这种方式获取资料的速度相对较慢，对方可能会对信函的调查内容不感兴趣而不反馈。

（5）录用。

在运用各种方法对职位候选人进行几轮选拔后，我们就得到了他们能否胜任的信息，根据这些信息对胜任者做出是否录用的决定。

**2. 销售人员培训**

销售人员培训的全过程包括需求确认、培训计划、教学设计、实施培训、培训反馈5个部分。

（1）需求确认。

一般来说，企业应优先培训业绩中等的销售人员（占销售人员总数的60%），会获得最好的培训效果。业绩最好的销售人员（占销售人员总数的20%），通常不会在现有水平上有显著提高。而长期销售业绩不佳的销售人员（占销售人员总数的20%），也许不适应现有的销售工作，培训也许不能解决问题。需求确认的目的是确定员工是否需要培训，什么方面需要培训。

（2）培训计划。

有计划地培训是做好培训工作的重要环节，主要解决以下问题：谁来进行培训？何时培训？何地培训？培训什么内容？采用何种方式培训？等等。

（3）教学设计。

这个环节是进入实质性培训的开始，这个阶段是以培训教师为主要执行人而进行的工作。教学设计的内容一般包括几个方面：①培训内容分析；②选择、购买、编写教学大纲和教材；③受训人员分析；④选择、确定培训形式和方案。

（3）实施培训。

这是培训的中心环节，这个环节主要在企业培训管理部门的组织下，由专门的教师实施培训，并由该培训项目的责任人组织考核和考评。

（4）培训反馈。

这是培训的最后一个环节。它是对培训进行控制的一种手段，通过它来对培训进行修正、完善和提高。具体来讲，培训反馈包括以下几个内容：培训教师考评、培训组织管理的考评、应用反馈、培训总结与资料归档。

### 3. 人员激励

激励在管理学中被理解为一种精神力量或状态，对组织成员起加强、激发和推动作用，并引导行为指向目标。一般来说，组织中的任何成员都需要激励，销售人员更是如此。

激励销售人员可以从不同的角度出发，采取不同的激励方式，通过环境激励、目标激励、物质激励和精神激励等方式来提高销售人员的积极性。

（1）环境激励。

环境激励是指企业创造一种良好的工作氛围，使销售人员心情愉快地开展工作。这里，企业对销售人员的重视程度有很大差异。有些企业认为销售代表不怎么重要，有些企业则认识到他们是实现企业价值的人，给他们提供无限的机会。事实证明，如果对销售代表不重视，其工作绩效就差，离职率就高。企业可以召开定期的销售代表与公司领导座谈会，给予他们在更大群体范围内结交朋友、交流感情的机会。

（2）目标激励。

目标激励是指为销售代表确定一些拟达到的销售指标，以目标激励销售人员上进。企业应建立的主要目标有销售定额、毛利额、访问户数、新客户数、访问费用和货款回收等。其中，制订销售定额是企业的普遍做法，规定一年内应销售产品的数量，并按产品分类确定。

（3）物质激励。

物质激励是指对做出优异成绩的销售人员给予晋级、奖金、奖品和额外报酬等实际利益的激励，以此来调动销售人员的积极性。物质刺激往往与目标激励联系起来使用。研究人员在评估各种可行激励的价值大小时发现，物质激励对销售人员的激励作用最为强烈。

（4）精神激励。

精神激励是指对做出优异成绩的销售人员给予表扬、颁发奖状、授予称号等，以此来激励销售人员上进。对于多数销售人员来说，精神激励也是不可缺少的。精神激励是一种较高层次的激励，通常对那些接受过高等教育的年轻销售人员更为有效。销售经理应深入了解销售人员的实际需要，他们不仅有物质生活上的需要，而且还有诸如理想、成就、荣誉、尊敬等方面的精神需要。尤其当物质方面的需要得到基本满足后，销售人员对精神方面的需要会更强烈，例如有的企业每年都要评出"冠军销售员""销售状元"等，这种精神激励的效果很好。

### 4. 人员考核

（1）销售人员绩效考评的内容。

销售人员的绩效考评包括客观考评和主观考评两个方面，相应的有职务和职能两种标准来具体考评销售人员的个人业绩。

① 客观考评。

职务标准是销售经理对销售人员工作业绩的期望与要求。以职务标准为尺度进行的考评也就是客观考评，也叫定量考评，它与工作岗位直接相关。客观考评一般使用的指标有三大类：产出指标、投入指标和比率指标。

产出指标。销售量、毛利、订单、客户是考评销售人员个人业绩常用的产出指标。在销售分析中将销售人员实际完成的销售情况与其销售定额相比得到的业绩指数就是一种产出指标，如表 6-23 所示。

表 6-23　销售人员考评的产出指标

| 一级指标 | 子指标 |
| --- | --- |
| 销售量 | 产品销售量、客户销售量、销售定额 |
| 毛利 | 产品销售毛利、客户销售毛利、毛利定额 |
| 订单 | 订单数量、平均订单规模、平均成功率（订单数量/拜访次数）、撤销订单数量 |
| 客户 | 客户购买比例、新客户数量、流失客户数量、拖欠货款的客户数量 |

投入指标。许多企业采用的客观指标一般都侧重于考评销售人员付出的努力，而不考察这些努力所导致的成果。其主要原因是，第一，销售努力的行为比结果更能为销售经理所控制；第二，在许多情况下，销售的投入与销售成果的产出之间存在因果关系，一笔大额订单可能是许多销售努力的积累所致。销售努力的考评指标主要有销售访问、时间管理、直接销售费用、非销售性活动等，如表 6-24 所示。

表 6-24　销售人员考评的投入指标

| 一级指标 | 子指标 |
| --- | --- |
| 客户访问 | 日访问次数、访问成功率 |
| 时间管理 | 周工作天数、销售时间与非销售时间的比例 |
| 直接销售费用 | 费用总额、销售费用率、定额费用率 |
| 非销售性活动 | 发出销售信件的数量、拨打销售电话的次数、向企业提出合理销售建议的次数 |
| 客户服务 | 举办促销或广告展示会的次数、召开经销商会议的次数、为经销商开办培训班的次数、访问经销商的次数、进行服务访问的次数、收到客户意见的数量及收回逾期欠款的数额 |

比率指标。无论是产出指标，还是投入指标，大多数都可以联合构成用于考评和比较的比率指标，如订单数/访问次数、访问次数/工作天数、销售量/订单数、费用额/销售量等。

② 主观考评。

职务考评是销售经理使用定性因素对销售人员的销售能力进行的评价。由于考评是基于定性的因素，在考评中主观因素就得到了最大的发挥，考评者成了关键角色。因此，在考评中使用行为等级表是非常必要的，通过对个体行为的详尽描述，从而指导考评者对被考评者做出客观的等级评价，销售人员行为等级评价表如表6-25所示。

表6-25 销售人员行为等级考评表

| 行 为 等 级 | 等 级 分 值 | 行 为 描 述 |
|---|---|---|
| 出色 | 10 | 能够做到比一般所期望的更好，帮助团队更好地实现销售目标 |
| 高于一般水平 | 8 | 总是能够如期望的那样合作，并为团队目标做出贡献 |
| 一般 | 5 | 通常愿意合作，并参与团队销售努力之中 |
| 低于一般水平 | 2 | 只能在一定程度上参与团队努力，对团队活动没有主动性 |
| 很差 | 0 | 不愿参与，有时甚至与团队目标背道而驰 |

（2）销售人员绩效考评的方法。

根据考评内容的不同，考评方法也可以采用多种形式。采用多种方式进行考评，可以有效减少考评误差，提高考评的准确度。常用的考评方法主要有以下几种。

① 横向比较法。

横向比较法是一种把各位销售人员的销售业绩进行比较和排队的方法。

② 纵向分析法。

纵向分析法是将同一销售人员的现在和过去的工作业绩进行比较的方法。

③ 尺度考评法。

尺度考评法是将考评的各个项目都配以考评尺度，制作出一份考核比例表，对销售人员的绩效加以考核的方法。

④ 360度考核法。

由直接上级、其他部门上级、下级、同事和顾客对销售人员进行多层次、多维度的评价，可以综合不同评价者的意见，得出一个全面、公正的评价结果，这就是360度考核体系，也叫全视角考核法。

⑤ 关键绩效指标考核法。

关键绩效指标考核法是通过对销售人员工作绩效特征的分析，提炼出最能代表绩效的若干关键绩效指标，并以此为基础进行绩效考核的方法。

### 岗前培训三：销售过程管理

**1. 客户关系管理**

（1）客户关系管理的含义。

客户关系管理（Customer Relationship Management，CRM），是指通过培养企业的最终客户、分销商和合作伙伴对企业及其产品更积极的偏爱和喜好，留住他们并以此提升企业业绩的一种营销策略。

客户关系管理的目的在于，促使企业从以一定的成本取得新客户转变为想方设法留住现有客户，从取得市场份额转变为取得客户份额，从发展一种短期的交易转变为开发客户的终身价值。

（2）客户关系管理的内容。

客户关系管理的对象是客户，为赢得客户的高度满意，建立与客户长期的良好关系，在客户管理中应开展多方面的工作。

① 客户分析与识别。

客户关系管理的目的不是对所有与企业发生关系的客户都一视同仁，而是从这些客户中识别哪些是一般客户，哪些是主力客户。然后有针对性地提供合适的服务，提高客户的满意度。所以 CRM 首先就是要分析客户差异对企业利润的影响。

② 企业对客户的承诺。

企业承诺的目的在于明确企业提供什么样的产品和服务。在购买产品和服务时，客户总会面临各种各样的风险，包括经济利益、产品功能和质量及社会和心理方面的风险等。因此要求企业做出某种承诺，以尽可能降低客户的购买风险，获得最好的购买效果。企业对客户承诺的宗旨是使客户满意。

③ 与客户的信息交流。

企业与客户的信息交流是一种双向的信息交流，其主要功能是实现双方的互相联系、互相影响。从本质上说，客户管理过程就是企业与客户信息交流的过程，实现有效的信息交流是建立和保持企业与客户良好关系的基本途径。

④ 以良好的关系留住客户。

为建立并保持与客户长期稳定的关系，首先需要良好的基础，即取得客户的信任，同时要区别不同类型的客户关系及其特征，并经常进行客户关系情况分析，评价关系的质量，保持企业与客户长期友好的关系。

⑤ 客户反馈管理。

客户反馈对于衡量企业所承诺目标的实现程度、及时发现在为客户服务过程中的问题等方面具有重要作用。投诉是客户反馈的主要途径，如何正确处理客户的意见和投诉，对于消除客户不满、维护客户利益、赢得客户信任十分重要。

**2. 货品管理**

货品管理是企业销售管理的重要组成部分。订货和发货流程是否通畅，会影响到产品能否及时准确地到达目标客户手中；退货制度是否健全，会影响目标客户对企业的满意度和忠诚度；终端陈列效果直接影响着商品能否有效地吸引消费者。所以，企业必须把货品管理当作一项非常重要的工作来抓。

（1）订单、发货与退货的管理。

① 订单管理。

所谓订单管理，就是从客户需求和企业自身的生产能力出发，制订供货计划，接收客户订单，并协调客户与内部各部门，尤其是生产部门和储运部门间的经营活动，以确保销售订单能够按时完成，同时也要做好售后服务等相关事宜。

② 发货管理。

发货就是商品交运，是指将企业生产的产品交到客户手中的过程。产品能否及时、安全、准确地到达客户指定的地点，将直接影响到客户满意度，关系到货款能否按时全额收回。一般来说，发货管理主要包括备货、编制货物发运分析单、检验货物、联系车船、装车（船）、投保、寄送装车（船）通知。

③ 退货管理。

依据买卖合约而出货的商品，由于某些因素，会发生客户将商品退回企业的现象，这就是退货。商品退货会即时减少企业的营业额，降低利润，企业应加强营业管理，提高营运绩效，减少退货。

（2）终端管理。

终端，是所有企业营销渠道的最后一环，它直接代表了企业产品的最终营业表达，也是产品流向市场、形成消费的关键。随着市场竞争的日益激烈，企业之间的竞争已趋于白热化，而竞争的重心则仍是销售终端，决胜终端已成为当今企业界的共识。

在进行商品分销的过程中，真正能够产生销售的是终端，激烈竞争的最后环节也是终端，消费者对产品的选择与消费亦在终端。如何科学有效地掌握终端，是销售管理的一个重要组成部分。

（3）窜货管理。

在销售管理中，往往会遭遇到一个市场营销学中没有的概念，却往往又是销售实践中让销售管理人员头痛不已的问题——窜货。窜货，又被称为倒货、冲货，也就是产品越区销售。

形成窜货的具体原因有很多，既有制造商的原因，又有经销商的原因，但"利"字却贯穿了窜货的全过程。窜货是渠道成员过度追逐自身利益的必然结果，制造商却是形成窜货的"罪魁祸首"，越区销售屡屡发生，是因为制造商对管理过程中的各个环节缺乏有效控制，导致某些经销商、代理商有空子可钻。

### 🔔 岗前培训四：销售评价分析

#### 1. 销售评价分析流程

销售评价分析作为销售重要的一环，要有组织、有秩序地进行，应遵循一定的程序。一般来说，销售评价分析流程如下（见图 6-18）。

制订销售评价计划
↓
收集销售评价资料
↓
整理、研究评价资料
↓
作出销售评价结论
↓
编写销售评价报告

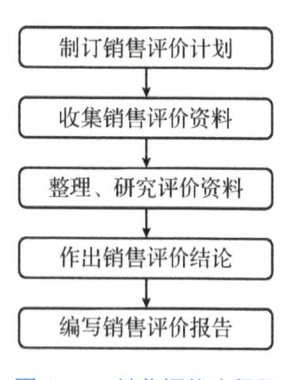

图 6-18 销售评价流程图

（1）确定分析目标。

为了提高销售分析的准确性，销售分析应有计划地进行，进行销售评价前需制订销售评价分析计划。分析计划要确定分析的目的和要求、分析的内容和范围、分析工作的组织和分工、分析的资料来源、分析的方法等。在分析计划的执行过程中，若出现新问题、新情况，应及时加以补充和修改，以确保分析工作的正常运转，提高分析效果。

（2）收集销售评价资料。

销售信息资料是进行销售分析的重要依据，分析人员应全面、系统、完整地收集各方面的资料。

一般来说，收集的资料主要包括各项销售计划、预算、定额、责任指标等计划资料，各项业务核算资料，各种内外部报表资料，同行业有关资料，有关合同、协议、决议等文件报告资料，以及各种环境状况、市场状况、客户意见等销售调查资料。

（3）整理、研究评价资料。

资料收集后要进行整理、分析和研究。对不正确的或失实的资料应剔除，对不具有可比性的资料要予以调查或淘汰。对符合实际的、有用的资料，进行归纳、分类、整理，运用不同的分析方法进行比较分析。找出实际与计划、与上期、与先进水平的差异，确定应当研究的重点问题。然后，分析形成差异的各种原因，分清主次，测定各项因素的影响程度，以找到问题的关键，最终为解决问题提供思路。

（4）得出销售评价结论。

进行销售分析主要是为了肯定成绩、总结经验、发现问题、吸取教训，以挖掘潜力，制定最佳销售组合，实现更多的利润，在得出分析结论时，对各项销售业绩的评价应当切合实际，并对其中的问题提出切实可行的改进措施、建议和实施方案。同时，还应对以往分析中所提出的改进措施、建议和实施方案的实行效果做出分析评价和结论。

（5）撰写销售评价报告。

销售分析总结是向销售主管部门、销售人员及有关领导汇报分析情况的全面的书面资料。分析报告的编写因分析内容不同而有所区别，例如有全面分析、专题分析、定期分析、日常分析，侧重点都是不一样的，但其基本要求是一致的，即实事求是、客观而全面；重点突出，不必面面俱到；情况要真实、准确；得出的结论要有根据，避免主观臆断；提出的改进措施、意见和方案要具体、可行；文字力求简明扼要，图表力求清晰易懂。另外，销售分析报告应及时送达有关部门和人员，提高其时效性，真正为提高销售管理水平、扩大销售业绩作贡献。

### 2. 销售评价指标

（1）销售额分析。

销售部门所使用的数据很多来自会计部门，但这些数据可能并不是企业直接想使用的，如果对这些会计数据进行重新组合，企业从销售报告中得出的常用的分类分析有销售总额分析、区域销售额分析、产品销售额分析。

① 销售总额分析。

销售总额分析，即公司将其在所有地区针对不同客户销售的所有产品的销售额进行统计分析。对于管理者来说，销售总额分析并不能停留在当年销售的一个数字上，而是看公司近几年销售额的变化趋势，同时还要看公司在其所属行业中市场份额的变化趋势。

② 地区销售额分析。

销售总额分析给管理者提供的是一个销售情况整体的描述，但其并不能反映公司各个部分的情况。通过适当的分类可以让管理层更确切地了解公司销售的实际情况，即哪一部分做得好，哪一部分可能需要适当地改进。

③ 产品销售额分析。

出于多方面的考虑，一些公司可能销售一个系列、多个系列甚至是很多不相关的产品，然而这些产品对公司的贡献是不尽相同的。可能有的产品的销售额很大，同时也贡献很多的利润。而有的产品无论是销售额还是利润都很少。但我们需要明确的一点是，销售额与利润之间没有必然联系，可能有的产品的销售额很大，但利润却很少。

（2）销售费用分析。

通过与销售预算中的计划成本进行比较来判断实际费用与预算之间产生差别的原因。通常采用的分类方法有分类账费用分析、职能费用分析和细分市场成本分析。

① 分类账费用分析。

比较简单的成本分析就是对会议记录中的分类账目（如销售人员薪水、办公室租金、出差费用、管理费用）进行分析研究。管理层可以通过对实际费用与预算费用、当期费用与以往同期费用或者与行业平均费用进行比较来分析企业各种销售成本的支出情况。

② 职能费用分析。

对于职能费用分析，首先，要选择合适的职能分类。不同的公司对于职能的分类是不同的，但是在成本分析中典型的职能分类有人员销售费用、广告和促销费用、仓储和运输费用、订单处理费用及行政费用。其次，要将分类账户中的费用分摊到各项职能活动中。例如，办公室租金就需要分摊到各职能活动上，销售人员工资和佣金全部分摊到人员销售即可。而有一些间接费用必须在不同的职能活动中进行分摊。

③ 细分市场成本费用分析。

在细分市场的分析过程中，我们可以采用与职能费用分析相同的方法，将各种活动费用的总额通过适当的标准分摊到各个市场，再通过纵向与往年的数据相比较，横向与行业中的其他公司相比较，为管理层提供决策依据。

（3）营利性分析。

销售量和成本分析对企业都是非常有益的，但并不是十分全面，因为其中并没有考虑净利润的问题。而营利性分析是在考虑净利润的基础上对销售绩效进行分析的有效手段。营利性通常用投资回报率（Return On Investment，ROI）来表示。

投资回报率（ROI）＝销售利润率×资产周转率

＝（净利润+销售额）×（销售额+投入资产）

公式中的净利润和销售额可以从会计报表中直接得到数据，而投入资产则包括存货、应收账款或销售组织层的其他资产。

（4）客户分析。

进行客户分析管理，不仅要对客户资料进行采集，还要对客户资料进行多方面分析，包括客户构成分析、客户与本企业的交易业绩分析、不同产品的销售构成分析、不同产品的毛利率分析、产品周转率分析、交叉比率分析、贡献比率分析等。

## 任务执行

销售一旦出现问题，销售经理就会找出各种各样的原因，由于缺乏分析工具，问题和原因显得非常杂乱，缺乏逻辑性，所以为解决问题带来很多障碍。利用鱼骨图模型则可以有效地帮助销售经理对销售进行分析，从而加快解决问题。

A公司的一位区域经理发现他负责的区域的市场销售量提升缓慢，特召集团队成员进行讨论分析，并整理出鱼骨图。该区域经理主要是为了分析该区域市场销售量提升缓慢的原因，所以把它放在了鱼头部分。经团队讨论分析发现造成市场销售量提升缓慢主要因素有：产品有问题、市场成活率低、团队积极性差、战略不明确、竞争品威胁、市场不稳定等，把这些因素放在了鱼骨图的主因部分。其中在主因"产品有问题"方面，主要是因为质量不稳定、无特色、知名度低等，"团队积极性差"方面，主要是因为奖金少、培训少、费用控制严、不自信等。把这些因素放在了"产品有问题"和"团队积极性差"分支上。以此类推，分析区域市场销售量提升缓慢的鱼骨图模型就做好了，造成问题的原因也一目了然。

### 步骤一：画出鱼骨图的鱼头及主干

（1）造成市场销售量提升缓慢的主要原因可能有哪些？

_____

_____

（2）请根据总结的主要原因，画出鱼骨图的鱼头及主干。

_____

_____

_____

### 步骤二：画出鱼骨图的二级分支、三级分支

（1）请阅读案例，分析并总结出造成产品有问题、团队积极性差等因素的主要原因，并讨论解决措施。

_____

_____

（2）请根据主要原因和解决措施，画出鱼骨图的二级分支、三级分支。

### 步骤三：用鱼骨图模型进行英语等级考试备考规划

请尝试利用鱼骨图模型进行期末英语等级考试备考规划，并提交详细的鱼骨图。

## 任务评价

在完成上述任务后,教师组织进行三方评价,并对学生的任务执行情况进行点评。学生填写任务评价表(见表6-26)。

表6-26 任务评价表

| 任 务 | | | 评 价 得 分 | | | |
|---|---|---|---|---|---|---|
| 任务组 | | 成员 | | | | |
| 评价标准 | 评价任务 | 分值(分) | 自我评价(20%) | 他组评价(30%) | 教师评价(50%) | 合计(100%) |
| | 画出鱼骨图的鱼头及主干 | 25 | | | | |
| | 画出鱼骨图的二级分支、三级分支 | 25 | | | | |
| | 用鱼骨图模型进行英语等级考试备考规划 | 50 | | | | |
| | 合计 | 100 | | | | |

# 项目七

# 走近供应链前沿

## 学习目标

### 知识目标

（1）掌握数字化供应链的定义和数字化供应链的特点。
（2）理解数字化供应链面临的挑战。
（3）了解打造数字化供应链的步骤。
（4）了解金融的定义与作用、电商平台主导的供应链金融、产业主导的供应链金融。
（5）掌握供应链金融的定义与作用。
（6）理解商业银行主导的供应链金融。
（7）了解区块链的定义、工作原理和特点。
（8）理解区块链在供应链中的应用价值。

### 能力目标

（1）能够应用 PEST 分析法对我国数字化供应链的发展情况进行初步分析。
（2）能够利用网络工具收集并分析提供数字化供应链服务的企业的基本情况。
（3）能够区分供应链金融产品类型。
（4）能够初步识别供应链金融风险。
（5）能够将区块链思想应用到供应链中。

### 思政目标

（1）培养学生改革创新的时代精神。
（2）激发学生努力学习、报效祖国的爱国情怀。

## 思维导图

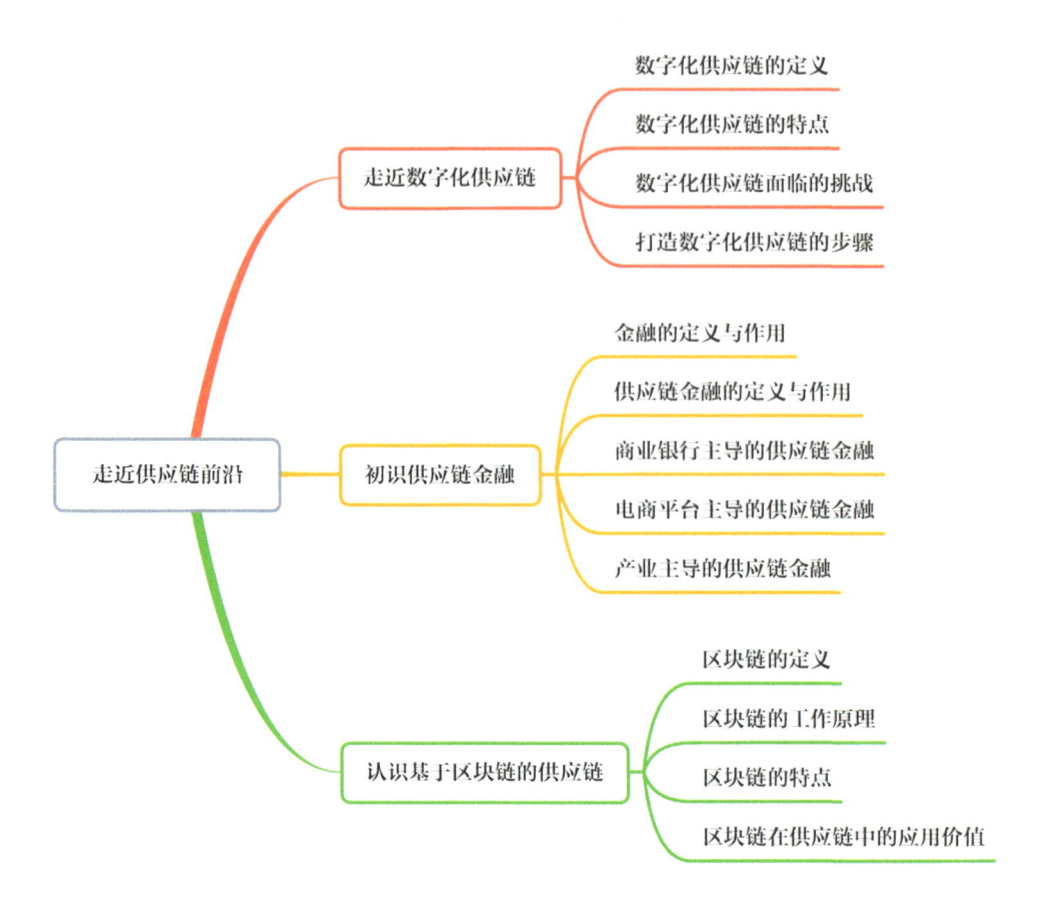

- 走近供应链前沿
  - 走近数字化供应链
    - 数字化供应链的定义
    - 数字化供应链的特点
    - 数字化供应链面临的挑战
    - 打造数字化供应链的步骤
  - 初识供应链金融
    - 金融的定义与作用
    - 供应链金融的定义与作用
    - 商业银行主导的供应链金融
    - 电商平台主导的供应链金融
    - 产业主导的供应链金融
  - 认识基于区块链的供应链
    - 区块链的定义
    - 区块链的工作原理
    - 区块链的特点
    - 区块链在供应链中的应用价值

# 任务一　走近数字化供应链

### 思政活动

2023 年 12 月 19 日，中华人民共和国商务部等 12 部门联合印发《关于加快生活服务数字化赋能的指导意见》，其中提出"围绕生产、采购、运输、仓储、批发、零售、配送各个环节，优化生活服务数字化供应链体系，降低渠道成本。"这为我国生活性服务业未来数字化供应链的发展指明了方向。请谈谈我们应该学习哪些知识与技能来助力我国数字化供应链的建设。

扫码看微课

### 任务描述

（1）请以任务组为单位，通过上网或查阅图书等方式了解我国数字化供应链的发展情况，并应用 PEST 分析法对我国数字化供应链的发展情况进行分析。

（2）查找两家国内具有典型代表意义的提供数字化供应链服务的企业的相关信息。

（3）各任务组将收集的资料进行加工和整理，制作成汇报课件，并推荐一位代表上台分享。

## 岗前培训

### 岗前培训一：数字化供应链的定义

数字化供应链是基于物联网、大数据和人工智能等技术，以客户为中心，以需求为驱动，充分利用数据资源，动态、协同、智能、可视、可预测、可持续发展的供应链。数字化供应链可通过多渠道实时获取并充分利用数据，快速识别与匹配客户需求，实现与外部合作伙伴之间的高效协同，以提升企业绩效，最大限度地降低企业经营风险。

成功构建数字化供应链的重要前提是数据的线上迁移及供应链成员数据上的互联互通，这里的数据既包括企业内部运营产生的数据，又有企业与供应商、分销商及终端客户的往来数据。数字化的核心任务是数据获取和数据应用，把传统的无法获取且无法高效传递的信息，利用数字化技术等手段收集并进行科学预测。

### 岗前培训二：数字化供应链的特点

#### 1. 体验至上

企业利用数字化技术可以简化商家与顾客复杂的交易环节，节省双方的时间成本，提升用户体验。数字化供应链平台可以突破时间限制和地域限制开展沟通、协商活动，在提升用户体验的同时也为交易活动提供了便利。

**扫一扫**

主要的数字化技术

#### 2. 主动感知

数据挖掘与分析可以使企业对产品或服务的需求预测更加精准，确保供应链成员都在共同的需求计划体系下协同运营。人工智能和认知技术的应用可以使企业更快地感知客户需求，进而主动并智能地根据感知到的需求来调整计划。

#### 3. 实时可视

数字化供应链支持全业务场景数据共享，可以打通产品、库存、支付、物流等全渠道的数据，实现供应链各个环节中在库、在途、在产货物的实时可视。在供应链可视化管理过程中，积累的数据能够有效帮助企业进行市场预测和决策。

#### 4. 完全透明

大数据技术与云存储技术可以帮助企业绘制所在供应链的全景图，透彻地了解各个关键物料供应商的层级关系，进而有效识别关键的供应路径。企业在与多级供应商进行信息交互的过程中，对供应商的库存、产能、质量等信息进行有效监控，结合认知技术识别风险事件，主动做出响应以规避风险。

### 5. 卓越可靠

结合精益生产思想和物联网、云存储等数字化技术，企业可以不断地提高产品质量和运营效率，实现供应体系从自动化到智能化的转型，打造出可靠、高效、低成本的生产供应体系。

### 6. 即插即用

为迅速、灵活地应对未来市场需求和供应能力的变化，企业需要建立模块化的供应链模式，实现即插即用。数字化供应链完成从固定到柔性的转型，可以有效适应全球化背景下日益复杂的市场环境，促使企业对服务、成本、质量、效率、风险和持续性等方面进行优化，打造敏捷、快速响应、持续改进的供应链。

数字化供应链的特点如图7-1所示。

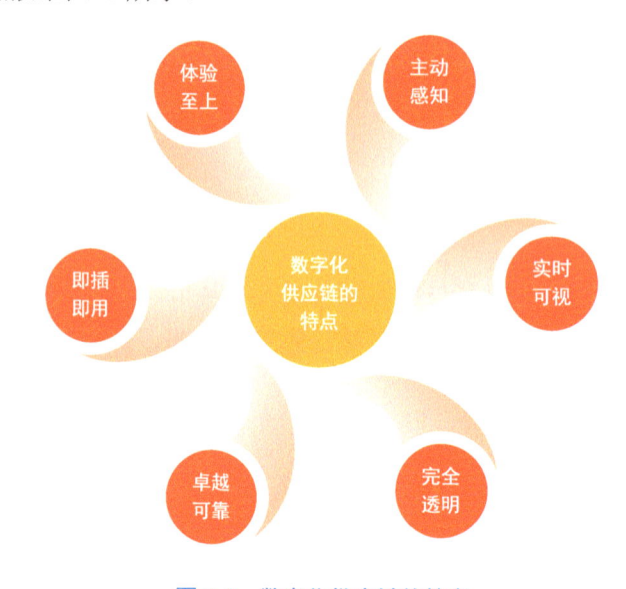

图7-1 数字化供应链的特点

## 🔔 岗前培训三：数字化供应链面临的挑战

### 1. 牛鞭效应

牛鞭效应（见图7-2）是指由供应链下游需求的小变动引发供应链上游需求变动逐级放大的现象。由于供应链上的信息流在传递时无法有效地实现共享，信息扭曲逐级放大，需求信息波动越来越大，信息扭曲的放大作用在图形上很像一根甩起的牛鞭，所以这一现象被形象地称为牛鞭效应。我们可以将处于供应链上游的供应商比作牛鞭的梢部，将供应链下游的用户比作牛鞭的根部，一旦牛鞭的根部抖动，传递到末端，牛鞭的梢部就会出现很大波动。

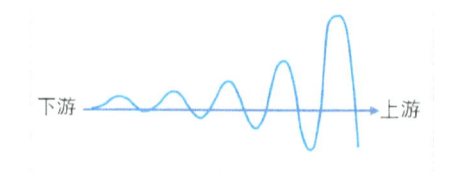

图7-2 牛鞭效应

### 2. 双渠道的叠加效应

电子商务的普及和应用为每天百万次在线交易提供了有效的平台，改变了传统的营销模式，单一的传统营销渠道已经转变为线上线下双渠道。双渠道需求的叠加，极大地增加了供应链网络的复杂性，加大了需求预测的难度。

**3. 曲棍球棒效应**

曲棍球棒效应是指在某一固定周期（月、季度或年），前期产品的销售量很低，后期产品的销售量突然增加，产品需求曲线像曲棍球棒一样，并且会周而复始。曲棍球棒效应使企业在一个周期的初期几乎收不到零售商的订单，而在后期订单却大幅增加，这给供应链的稳定运营带来了巨大挑战。

此外，供应链管理的聚焦点是供应链整体利益的最大化，而不是单个企业利益的最大化。数字化供应链成员的深度融合必然会使各个企业成员之间产生利益分配问题，这给供应链的稳定运营带来了不确定性。

🔔 **岗前培训四：打造数字化供应链的步骤**

**1. 战略驱动**

企业应该先将数字化供应链转型作为企业的重要发展战略之一，确定数字化供应链转型的战略目标、计划和具体实施方案等，组建团队并组织相关资源，推动数字化供应链战略的实施与落地。

**2. 技术创新**

技术创新是数字化供应链转型的关键一环。信息技术的研发与推广应用是数字化供应链成功转型的重要先决条件。数字化转型，即利用信息技术实时获取客户的各类数据，通过数据挖掘和分析，加深对客户的认识，洞察客户的需求，提升需求预测的准确性，甚至预判和引领客户未来的需求。

**3. 供应链细分与供应链协同**

供应链细分是指通过提供差异化的供应链解决方案来满足特定属性的客户需求。企业通过客户细分、资源细分、渠道细分等策略，协同上下游合作伙伴进行产品设计、生产、销售与交付等。供应链协同是指利用数字化技术使供应链成员之间实现信息共享，使供应商通过交互关键业务信息提高供应链的响应速度，及时应对市场需求的不确定性。

**4. 数字化供应链执行**

数字化供应链执行的重点是计划、采购、物流等环节。依托上下游合作伙伴的实时数据信息，通过人工智能和认知分析等技术，提升供应链的商业预测能力与响应速度。在数字化供应链中，采购的职能将从业务支持向价值创造转变，主要是建立企业内部与外部的新纽带，推动供应链协同，为企业创造价值。物流环节将依托自动化技术和物联网技术，提升自动化作业的能力与信息交互的效率。

**5. 供应链控制塔建设**

供应链控制塔是供应链的指挥中心，它可以实现端到端的供应链可视化，实时分析数据，进行预测和智能决策，对运营情况进行监控，最终支持构建协同的、一致的、敏捷的、需求驱动的数字化供应链。供应链控制塔承担了采集供应链各环节信息、实时分享和集成管理的任务，是一个供应链的"数据中心"。供应链控制塔具有灵活性、可视性、透明性的特点。端到端的可视化、信息中心和数字孪生是供应链控制塔的三大支柱。

👀 **任务执行**

**步骤一：应用 PEST 分析法对我国数字化供应链的发展情况进行分析**

请以任务组为单位，通过上网或查阅图书等方式了解我国数字化供应链的发展情况，应用 PEST

分析法分析我国数字化供应链的发展情况，并将分析结果填入表 7-1 中。

表 7-1　PEST 分析表

| P（政治） | E（经济） |
|---|---|
|  |  |
| S（社会） | T（技术） |
|  |  |

**步骤二：查找两家国内提供数字化供应链服务的企业的相关信息**

请以任务组为单位，通过上网查找两家国内提供数字化供应链服务的企业的相关信息，并将查找到的信息填入表 7-2 中。

表 7-2　国内提供数字化供应链服务的企业的相关信息

| 序　号 | 公 司 名 称 | 成 立 时 间 | 发 展 愿 景 | 产品及服务 | 推 荐 理 由 |
|---|---|---|---|---|---|
| 1 |  |  |  |  |  |
| 2 |  |  |  |  |  |

**步骤三：各任务组推荐一位代表上台分享**

各任务组制作汇报课件，并推荐一位代表上台分享成果。

## 任务评价

在完成上述任务后，教师组织进行三方评价，并对学生的任务执行情况进行点评。学生填写任务评价表（见表 7-3）。

表 7-3　任务评价表

| 任　　务 || 评 价 得 分 ||||
|---|---|---|---|---|---|
| 任务组 |  | 成员 ||||
| 评价标准 | 评价任务 | 分值（分） | 自我评价（20%） | 他组评价（30%） | 教师评价（50%） | 合计（100%） |
| 评价标准 | 应用 PEST 分析法对我国数字化供应链的发展情况进行分析并填表 | 40 |  |  |  |  |
| 评价标准 | 查找两家国内提供数字化供应链服务的企业的相关信息并填表 | 40 |  |  |  |  |
| 评价标准 | 制作汇报课件并进行分享 | 20 |  |  |  |  |
| 合计 || 100 ||||

## 任务二 初识供应链金融

### 思政活动

**平安银行为航天产业注入金融活水**

蓝箭航天空间科技股份有限公司（以下简称蓝箭航天）既是国内领先的液体火箭研制与运营的商业公司，也是国内唯一、全球第三家具备百吨级液氧甲烷发动机设计和制造能力的民营企业。航天航空作为国家战略性新兴产业的重要组成部分，对经济发展新动能的形成具有较强的拉动作用。

扫码看微课

2020年5月，平安银行与蓝箭航天达成合作，完成了首笔供应链票据业务放款，实现了平安银行在航天产业链金融的突破，也是金融机构支持"新基建"、支持民营企业参与关键领域核心技术创新攻关的一大尝试。此次双方合作是平安银行通过低风险授信、投贷联动、打通核心企业供应链上下游"三步走基调"来服务航天产业的第一步。平安银行希望通过持续迭代的供应链金融服务平台，聚焦航空航天产业核心企业，在未来涵盖核心企业供应链上下游及物流仓储的数字化连接和融资等，真正做到帮助该产业链打通堵点，连接断点，为产业的健康发展注入金融活水。

结合案例思考供应链金融具有哪些功能？

### 任务描述

（1）请以任务组为单位，通过上网或查阅图书等方式总结供应链金融在发展过程中常见的风险。

（2）各任务组通过查阅文献、课堂讨论，给出应对供应链金融风险的办法。

（3）每组将收集的资料进行加工和整理，制作成汇报课件，并推荐一位代表上台分享。

### 岗前培训

#### 岗前培训一：金融的定义与作用

金融是指货币资金的融通，即与货币、信用、银行直接相关的经济活动的总称。具体包括货币的发行与回笼，存款的存入与取出，贷款的发放与收回，国内外资金的汇兑与结算，金银、外汇、有价证券的买卖，贴现市场、同业拆借市场的活动，保险、信托、租赁等。融通的主要对象是货币和货币资金；融通的基本方式是有借有还的信用方式；融通的组织机构是银行及其他金融机构。金融的门类有银行、证券、保险、信托、租赁等。

在经济社会中，同时存在着资金盈余和资金短缺的单位，这些单位可能是家庭、企业或其他组织，也可能是政府。若资金盈余单位手中的闲置资金不用来投资，则闲置资金不会产生任何收益。若资金短缺单位不能及时获得资金，就会影响生产或生活，甚至影响政府的公共设施建设。而金融机构可以将资金盈余单位的闲置资金集中起来，提供给资金短缺单位使用，使资金在供给者和需求者之间进行资金融通。

### 扫一扫

金融的门类

### 岗前培训二：供应链金融的定义与作用

供应链金融是指以核心企业为依托，以企业信用或交易标的为担保，锁定资金用途及还款来源，为供应链各环节的参与企业提供融资、结算、资金管理等服务的业务和业态。

与传统的各自负责的银行融资不同，供应链金融是在征得供应链核心企业同意并提供担保的前提下其企业向商业银行融资的业务。一方面，由核心企业向合作银行提供其上下游的交易数据，使合作银行能够更直接地监控中小型企业的运营，从而提升其信用额度。另一方面，核心企业通过将银行信用融合到上下游企业之间的商业销购行为中，使自身的商业竞争力得到提升。同时，由于供应链上的各方都获得了额外的流动资金支持，所以供应链金融有利于提升整个供应链的商业效率和稳定性。

### 扫一扫

供应链金融的发展

### 岗前培训三：商业银行主导的供应链金融

**1. 应收账款融资**

应收账款融资是指在供应链核心企业承诺支付应收账款的前提下，供应链上下游的中小型企业可用未到期的应收账款从金融机构贷款的一种融资模式。应收账款融资使供应链上下游的中小企业可以及时获得金融机构的短期信用贷款,不但有利于解决融资企业缺少短期资金的现状,促进中小型企业健康、稳定地发展,而且有利于整个供应链的持续高效运作。应收账款融资模式,如图7-3所示。

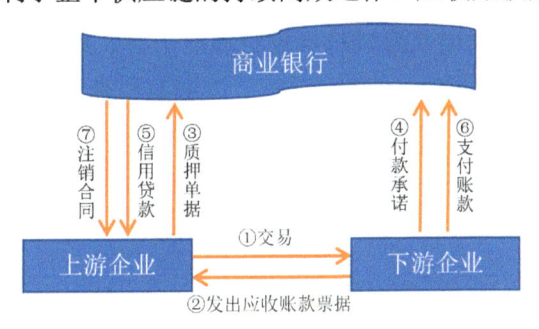

图7-3 应收账款融资模式

### 2. 未来货权融资

未来货权融资又被称为保兑仓融资,是下游购货商向金融机构申请贷款,用于支付上游核心供应商在未来一段时期内交付货物的款项,同时上游核心供应商承诺对未被提取的货物进行回购,并将提货权交由金融机构控制的一种融资模式。

在这种融资模式中,下游融资购货商不必一次性支付全部货款,即可从指定仓库中分批提取货物并用未来的销售收入分次偿还金融机构的贷款;上游核心供应商将仓单抵押给金融机构,并承诺在下游购货商出现无法支付贷款时对剩余的货物进行回购。

### 3. 融通仓融资

融通仓融资是企业以存货作为质押,在经过专业的第三方物流企业的评估和证明后,金融机构向企业进行授信的一种融资模式。在这种融资模式中,抵押货物的贬值风险是金融机构重点关注的问题,但商业银行等金融机构并不擅长对质押物品的市场价值进行评估,也不擅长质押物品的物流监管,因此这种融资模式通常需要专业的第三方物流企业参与。金融机构可以根据第三方物流企业的规模和运营能力,将一定的授信额度授予物流企业,由物流企业直接负责融资企业贷款的运营和风险管理,这样既可以简化流程,提高融资企业的产销供应链运作效率,也可以转移自身的信贷风险,降低经营成本。融通仓融资模式,如图7-4所示。

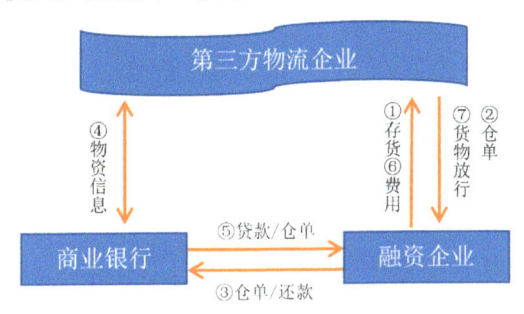

图7-4 融通仓融资模式

**岗前培训四:电商平台主导的供应链金融**

随着互联网金融在中国的发展,电商平台依托长期交易建立起的客户关系,搭建"征信+信贷"的创新型互联网金融平台,根据上下游企业的交易、物流、现金流等相关数据做出信用评级,通过系统算法给出融资额度,积极为其企业客户提供信贷融资服务。

### 岗前培训五：产业主导的供应链金融

一些大型产业集团拥有完整的供应链资源，可以通过自己的平台，借助集团多行业布局的优势开展供应链金融业务。例如海尔集团成立海融易（投资理财平台）后，经销商可以通过海融易申请贷款，从提交申请到审核、放款只需两个工作日。目前，海融易已被复制到海尔体系外的多个产业，在化工、医药器械、农业、房产、金融等产业链快速扩展。

### 任务执行

**步骤一：通过上网或查阅图书等方式总结供应链金融在发展过程中常见的风险，并将结果填入表7-4**

表7-4 供应链金融常见风险

| 风险类型 | 风险内容 |
| --- | --- |
| 核心企业信用风险 | |
| 上下游企业信用风险 | |
| 交易真实性风险 | |
| 物流监管方风险 | |
| 抵质押资产风险 | |
| 其他风险 | |

**步骤二：提出供应链金融常见风险的应对策略**

请以任务组为单位，站在商业银行的角度对各类供应链金融常见的风险提出应对策略。

**步骤三：各任务组推荐一位代表上台分享**

各任务组制作汇报课件，并推荐一位代表上台分享。

### 任务评价

在完成上述任务后，教师组织进行三方评价，并对学生的任务执行情况进行点评。学生填写任务评价表（见表7-5）。

表7-5 任务评价表

| 任 务 | | | 评 价 得 分 | | | |
| --- | --- | --- | --- | --- | --- | --- |
| 任务组 | | | 成员 | | | |
| | 评价任务 | 分值（分） | 自我评价（20%） | 他组评价（30%） | 教师评价（50%） | 合计（100%） |
| 评价标准 | 归纳整理供应链金融常见风险并填表 | 60 | | | | |
| | 提出应对供应链金融常见风险的策略 | 20 | | | | |
| | 制作汇报课件并进行分享 | 20 | | | | |
| | 合计 | 100 | | | | |

## 任务三 认识基于区块链的供应链

### 思政活动

区块链技术在新的技术革新和产业变革中起着重要作用。区块链技术的应用已延伸到数字金融、物联网、智能制造、供应链管理、数字资产交易等多个领域。目前，许多国家都在加快布局区块链技术。我国在区块链领域拥有良好的基础，必须加快推动区块链技术和产业创新发展，积极推进区块链技术和经济社会融合发展。

请思考：国家为什么高度重视区块链技术的发展？

扫码看微课

### 任务描述

（1）阅读案例《基于区块链的有品质保证且诚信公正的供应链系统》，并应用所学对该案例进行分析。

（2）各任务组推荐一位代表上台分享。

### 岗前培训

#### 岗前培训一：区块链的定义

区块链是分布式数据存储、点对点传输、共识机制、加密算法等计算技术在互联网时代的创新应用模式。狭义的区块链是一种按照时间顺序将数据区块以链条的方式组合成特定数据结构，并以密码学方式保证的不可篡改和不可伪造的去中心化共享总账；它能够安全存储简单的、有先后关系的、能够在系统内验证的数据。广义的区块链技术则是利用加密链式区块结构来验证与存储数据，利用分布式节点共识算法来生成和更新数据，利用自动化脚本代码来编程和操作数据的一种全新的去中心化基础架构与分布式计算范式。

### 扫一扫

区块链的核心技术

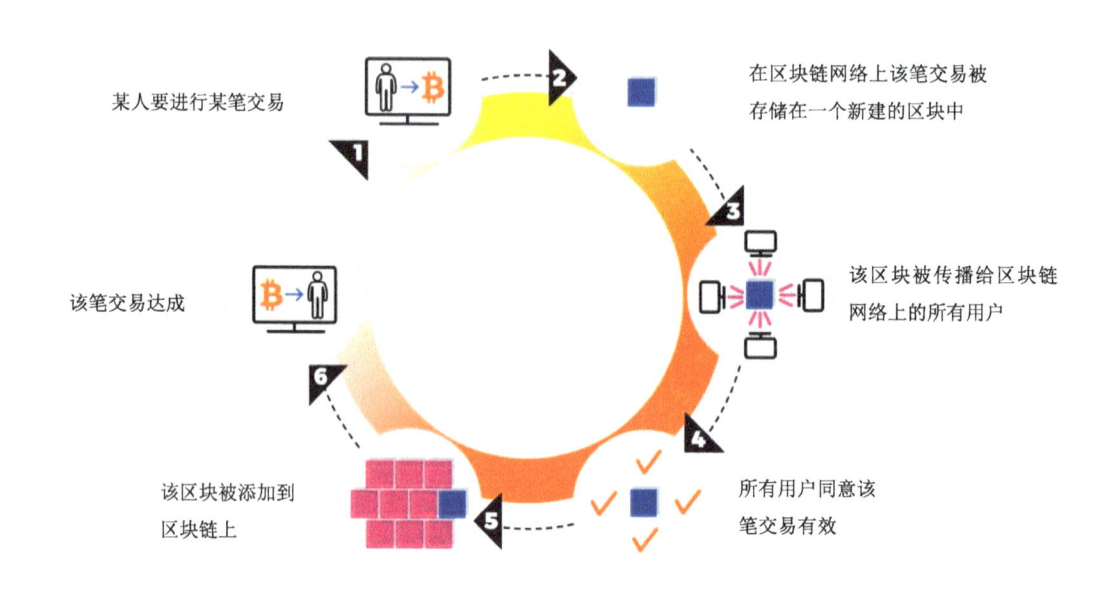

### 岗前培训二：区块链的工作原理

区块链的工作原理如图 7-5 所示，假设某人要进行某笔交易，在区块链网络上该笔交易的全部信息被存储在一个新建的区块中，之后该区块被传播给区块链网络上的所有用户，在所有用户通过验证认可交易的有效性并达成共识后，这个存有交易信息的区块被添加到区块链上，成为一条永久的透明的交易记录，最终该笔交易达成。

图 7-5　区块链的工作原理

### 岗前培训三：区块链的特点

#### 1. 分布式

分布式，即去中心化，不存在中心化的硬件或管理机构。整个系统任意节点之间的权利和义务是均等的，并且任一节点的损坏或失效都会影响整个系统的运作。分布式具体是指分布式记账、分布式传播和分布式存储这三大特性。

#### 2. 自信任

区块链采用一套公开透明的加密数学算法使整个系统中的所有节点能够在自信任的环境下自动、安全地交换数据，整个系统的运作不需要任何人为干预。

#### 3. 公开透明

区块链上的数据对所有人公开，任何人都可以通过公开的接口查看区块链上的数据信息。

#### 4. 不可篡改

通过向全网传播的方式，让每个参与维护的节点都能复制且获得一份完整数据库的拷贝。除非能够同时控制整个系统中超过 51% 的节点，否则单个节点对账本的篡改是无效的，也无法影响其他节点上的数据内容。

#### 5. 集体维护

整个系统中的数据块由系统中所有具有维护功能的节点共同维护，这些具有维护功能的节点是开源的，任何人都可以参与。

#### 6. 隐私保护

由于节点和节点之间不需要互相信任，所以在信息传递过程中节点和节点之间无须公开身份，系统中每个节点的隐私都受到保护。

区块链的特点，如图7-6所示。

图 7-6 区块链的特点

> 岗前培训四：区块链在供应链中的应用价值

#### 1. 准确可靠地记录物品的出处

供应链主要强调的是数据的深度保存和可搜索性，保证能够在过去的层层交易中追踪所需记录，其核心是为每一个商品找到出处。区块链技术可以使供应链中涉及的原材料信息、部件生产信息、每笔商品运输信息及成品的每项数据以区块的方式在链上永久存储，可以根据链上记录的企业之间的各类信息轻松地进行数据溯源。因此，通过区块链数据存储这种方式，区块链的框架满足了供应链中每位参与者的需求——录入、追踪原材料的来源和记录并追溯产品的出处。

#### 2. 降低信息不对称风险

在传统供应链中，数据多被核心企业或参与企业分散、孤立地记录和保存在中心化的账本中，当账本上的信息对核心企业或参与企业不利时，就存在账本信息被篡改的风险。引入区块链技术后，对区块链上的数据加盖时间戳，能够保证包括产品生产、存储、运输、销售及后续事宜在内的所有数据信息不被篡改。数据不可篡改，能够降低企业与用户之间的信息不对称风险，从而降低企业之间的交易成本。

#### 3. 增强供应链成员间的互信

区块链系统的共识机制在去中心化思想的影响下解决了节点之间相互信任的问题，使得许多节点能够在链上达到相对平衡的状态。区块链解决了供应链中在不可信的信道上传输可信信息、价值转移的问题，共识机制解决了如何在供应链这种分布式场景下达成一致性的问题。

在共识机制下，企业与企业、企业与用户之间的运营遵循的是一套协商确定的流程，而非依靠核心企业的调度协调，由于信息足够透明，所以彼此之间可以建立足够的信任。

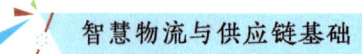

## 任务执行

### 步骤一：阅读案例

**基于区块链的有品质保证且诚信公正的供应链系统**

面对供应链领域存在的问题，目前行业内许多公司开始利用区块链的高可信共识、低成本安全、分布式账本和高效链接多中心的特点，整合先进的物联网技术，推出了"品质驱动、价值保障、诚信链条、透明消费"的供应链生态服务体系。物链（北京）科技有限公司建立在区块链上的供应链云管理平台不仅能够实现对物品、物链码、上下游、智能合约及安全的全方位管理，还能够提供一系列的行业应用支撑服务。

基于区块链的供应链平台，结合供应链的特性对区块链的接口进行应用扩展，形成了具有鲜明现实应用特色的供应链云管理平台，使每个物品的固态特性等静态信息和流转、信用等动态信息都能够在生产制造企业、仓储企业、物流企业、各级分销商、零售商、电商、消费者及政府监管机构中达成共享与共识。通过整合利用传感器、射频、Mesh、Lora、ZigBee等物联网技术手段，实现供应链管理业务流程优化和再造，从而形成全方位的、具有高公信力的供应链体系。

供应链管理云平台是为供应链各个环节中参与经营活动并需要共享商品信息的机构提供供应链管理的辅助手段。在供应链云管理平台上能够实现以下5方面的管理。

（1）物品管理。在供应链管理云平台上，物品管理模块可以实现对各类物品的新建、信息维护、流转信息跟踪及异常情况报警等功能。生产制造商负责描述物品的基本特性，并生成物品的基础档案信息。对于物品的关键信息会以加密的方式存储到区块链平台中，从而开启它的区块链之旅。为了提升终端消费者对某类物品的认知、了解和认可程度，用户可以通过图片、多媒体甚至链接生产现场实时视频等方式对物品的特征进行丰富。这些信息均可以通过物链提供的平台进行跟踪查询。

（2）物链码管理。物链码是可以唯一标识一个物品的加密字串，也被称为"一物一码"，相当于物品在物链平台的身份证，被所有相关参与者所共识。利用智能手机、便携或大型射频、传感器装备等，均可以通过物链码对物品进行自动识别，进而实现物品的物联网辅助管理和信息跟踪查询等。物链码的形态可以是二维码、射频标签或其他可以唯一标识物品的装置，甚至是物品自身所具备的、特有的"指纹"信息，如珠宝的光谱信息等。物链码所对应的加密字串可以源于企业既有系统的编码，还可以附加政府监管部门既有系统的编码信息等。

（3）上下游管理。上下游管理是指在供应链条的特定环节上，对上游实现对供应商和服务商的管理，对下游实现对客户和分销商的管理。供应链环节的上下游企业相互依存，上下游管理不仅满足了供应链管理的基本管理需求，同时供应链管理云平台基于区块链开放和共识的特性，还能够保证间接发生关系的上下游企业的有效连接。企业不仅可以把握上下游企业的情况、建立交易关系、跟踪交易状况，还可以了解间接环节甚至终端消费者的状况。

（4）智能合约管理。基于区块链的智能合约的生成与管理，通过物链码对物品生命轨迹的记录，实现了对品质型商品的价值保护和对流通渠道及终端消费者的保护，实现了具有公信力的价值转移和再生，成为政府相关部门行使监督权力的可靠通道。

步骤二：以任务组为单位，对案例进行分析

（1）供应链云管理平台的管理功能有哪些？

（2）区块链技术是如何实现这些管理功能的？

（3）该案例给你带来了什么启示？

步骤三：各任务组推荐一名代表上台分享

各任务组制作汇报课件，并推荐一位代表上台分享案例分析结果。

## 任务评价

在完成上述任务后，教师组织进行三方评价，并对学生的任务执行情况进行点评。学生填写任务评价表（见表7-6）。

表7-6 任务评价表

| 任　务 |  | 评　价　得　分 |  |  |  |  |
|---|---|---|---|---|---|---|
| 任务组 |  | 成员 |  |  |  |  |
| 评价标准 | 评价任务 | 分值（分） | 自我评价（20%） | 他组评价（30%） | 教师评价（50%） | 合计（100%） |
| 评价标准 | 按要求对案例进行分析 | 60 |  |  |  |  |
| 评价标准 | 分享时思路清晰、表达流畅 | 40 |  |  |  |  |
| 评价标准 | 合计 | 100 |  |  |  |  |

# 参考文献

[1] 垄光富，李家映．智慧物流[M]．北京：中国友谊出版社，2022．
[2] 柳荣．智能仓储物流、配送精细化管理实务[M]．北京：人民邮电出版社，2020．
[3] 王猛，魏学将，张庆英．智慧物流装备与应用[M]．北京：机械工业出版社，2021．
[4] 刘伟华，李波，彭岩．智慧物流与供应链管理[M]．北京：中国人民大学出版社，2022．
[5] 施先亮．智慧物流与现代供应链[M]．北京：机械工业出版社，2020．
[6] 薛威．智慧物流实训[M]．北京：高等教育出版社，2021．
[7] 王兴伟，汪志林．供应链管理[M]．合肥：安徽大学出版社，2022．
[8] 王能民，何奇东，张萌．供应链管理[M]．北京：机械工业出版社，2023．
[9] 谢家平．供应链管理[M]．4版．上海：上海财经大学出版社，2021．
[10] 吴会杰，李箐．供应链管理[M]．西安：西安交通大学出版社，2022．
[11] 韩媛媛，孙颖荪．供应链管理[M]．西安：西安电子科技大学出版社，2016．
[12] 马士华．供应链管理[M]．北京：机械工业出版社，2020．
[13] 邢琳琳．趋势[M]．南京：江苏凤凰文艺出版社，2019．
[14] 潘永刚，余少雯，张婷．重新定义物流[M]．北京：中国经济出版社，2019．
[15] 陈静，寻子员．财政与金融[M]．济南：山东人民出版社，2016．
[16] 陈登峰．金融学基础[M]．大连：东北财经大学出版社，2015．
[17] 杨明．财政与金融[M]．北京：中国经济出版社，2009．
[18] 徐诺金．智慧金融手册[M]．北京：中国金融出版社，2018．
[19] 金融科技理论与应用研究小组．金融科技知识图谱[M]．北京：中信出版社，2021．
[20] 乐美龙．供应链管理[M]．上海：上海交通大学出版社，2021．
[21] 张振刚，余传鹏．国际前沿技术发展研究2021[M]．广州：华南理工大学出版社，2021．
[22] 黄浩，马斌，黄世泽．区块链+：如何改变我们的世界和生活[M]．北京：中国科学技术出版社，2020．
[23] 马永仁．区块链技术原理及应用[M]．北京：中国铁道出版社，2019．